# L'assassin jouait du trombone

Du même auteur

*Simon-les-nuages*, Boréal, 1989

Roger Cantin

# L'assassin jouait du trombone

roman

Boréal

Maquette de la couverture : *Rémy Simard*
Illustration de la couverture : *Michel-Thomas Poulin*


Dépôt légal : 4e trimestre 1991
Bibliothèque nationale du Québec

Diffusion au Canada : Dimedia

**Données de catalogage avant publication (Canada)**

Cantin, Roger

L'assassin jouait du trombone
(Boréal Inter ; 18)
Pour les jeunes.

ISBN 2- 89052-434-5

I. Titre.

PS8555.A5548A97 1991 jC843'.54 C91-096855-1
PS9555.A5548A97 1991
PZ23.C36As 1991

# 1

*La nuit, les chats sont gris,*
*les gardiens de nuit aussi.*

**Studios**
**POP-CORN**
**International**

disent les néons colorés d'une enseigne géante installée sur le toit d'un édifice fade et d'allure insignifiante. Elle a beau être un parfait exemple de quétainerie, cette réclame ne donne pas du tout envie de rire. C'est que les studios de Pop-corn International sont construits dans un quartier lugubre et mal fréquenté. Personne n'a envie d'y venir sans avoir de bonnes raisons. Et puis, ces studios-là ne produisent que des films de série B, dans le genre films d'horreur et autres histoires semblables grossièrement ficelées, arrosées de pintes de sang artificiel, rehaussées de cicatrices en latex et divers masques difformes.

Les gens du métier évitent le plus possible d'accepter les contrats offerts par cette compagnie-là. Parce que c'est trop dur pour le moral et parce qu'on s'y fait très vite une mauvaise réputation. On dit même que les comédiens qui viennent y travailler se déguisent pour que personne sache qu'ils sont tombés aussi bas. Cela se comprend seulement à voir tous les laissés pour compte, les givrés, les cro-magnons de techniciens de cinéma qui végètent dans les corridors de Pop-corn International.

Ce que je dis là vaut pour le jour. La nuit, les studios sont déserts. Absolument vides de toute vie. À peu près comme un château en Transylvanie. À cette différence que les studios de Pop-corn International sont moins humides et beaucoup plus laids. Je sais tout cela, parce que je rôde souvent dans les parages. Je m'appelle Josée. J'ai quinze ans et j'adore le cinéma. J'aurais été idiote de manquer ma chance de fréquenter un vrai studio de cinéma, non ?

J'y ai même passé une nuit blanche. Une nuit assez phénoménale. Pendant laquelle il m'est arrivé des aventures comme celles qui, d'habitude, n'arrivent que dans un film.

Si mes amis disent que j'ai trop d'imagination et ne croient pas toujours ce que je leur raconte, cette fois-ci, ils sont bien obligés : les journaux en ont parlé pendant des semaines !

Mais ils n'ont pas tout su, les journaux. Même moi, j'ai mis beaucoup de temps à reconstruire le fil des événements à partir de ce que j'ai vécu et de ce que j'ai appris par après.

☆

Tout a commencé avec la pluie. Elle tombait sans arrêt depuis des heures. L'asphalte ruisselait et les flaques grossissaient à chaque minute. Un vrai déluge. Toute pitoyable, une Chevrolet couverte de rouille et de rafistolages inachevés attend on ne sait trop quoi au milieu du stationnement situé à l'arrière des studios de Pop-corn International. Son coffre arrière est grand ouvert, au risque de s'emplir d'eau de pluie.

Tout à coup, on entend des pas dans le noir. Des pas qui claquent avec un son mouillé. On perçoit aussi un autre bruit, plus difficile à identifier celui-là. Il faut attendre que sorte de l'ombre un personnage vêtu de noir qui traîne un corps sans vie en le tenant sous les aisselles pour comprendre que ce bruit-là provient des souliers de cuir s'écorchant les talons sur l'asphalte. À chaque pas, les bras et la tête de la victime se balancent mollement. Bientôt, le corps est jeté dans le coffre de la Chevrolet. Les amortisseurs absorbent le choc en grinçant. Le coffre se referme d'un coup sec.

L'assassin va maintenant ouvrir la portière du côté du passager... bizarrement, il y a une borne-fontaine dans l'auto, juste devant le siège. Une courte hésitation trahit la surprise de l'homme en noir. Comprenant vite qu'il s'agit d'un accessoire emprunté aux ateliers de décors, il soulève la fausse borne-fontaine et la dépose à côté de la voiture. Il fouille maintenant dans la boîte à gants et prend deux ou trois objets anodins : des lunettes fumées avec seulement un verre, une médaille avec un ruban, une chaînette et un cœur plaqué or. Pour finir, l'assassin s'en retourne vaquer à d'autres besognes et s'évanouit rapidement dans la nuit.

En plus du corps dans le coffre de la Chevrolet, il laisse derrière lui des graffitis tracés sur l'entrée des artistes du Studio. Ce sont des lettres , répétées jusqu'à l'obsession, maladroitement dessinées et qui débordent sur le mur de briques écaillées. De tailles variées, ces  se chevauchent, cursifs ou majuscules. En plein centre de la porte, on distingue un graffiti plus élaboré et pourtant banal : un cœur réunissant les noms Alice et Robby transpercé d'une flèche.

Tout à coup, venant du fond de la nuit, les notes lugubres d'un trombone emplissent le silence de mystère. Au même instant, à travers tous les bâtiments de Pop-corn International, les horloges marquent l'heure. Puis, une voix synthétisée, douce et mielleuse, annonce l'heure et récite un poème dans les interphones :

« Il est minuit.
L'Amour vrai est impitoyable,
Son langage exige une
exactitude mathématique... »

Il est certain qu'une telle insistance à souligner qu'il est minuit fait comprendre que quelqu'un, quelque part, va passer un mauvais quart d'heure.

☆

Augustin Marleau ignore encore tout de ce qui se trame dans les studios de Pop-corn International. Caché au coin d'une rue mal pavée qui débouche sur les quais les plus délabrés du port, il prépare son entrée en scène. Il prend bien son temps, conscient de l'importance du moment. Il analyse le jeu d'ombres et de lumière que fait un lampadaire penché vers des façades vétustes. Ses rayons obliques rebondissent sur le pavé détrempé et font luire les carreaux, enfin, ceux qui ne sont pas brisés. Au bout de la rue, rien ne bouge devant la coque d'un navire rouillé amarré au quai désert. « C'est bien, tout va comme prévu », se dit Marleau, vêtu comme il se doit d'un trench-coat gris et coiffé d'un chapeau « trois doigts » en feutre, comme celui d'Humphrey Bogart.

Prenant une grande inspiration, il fait un pas en avant. Son ombre coule sur le trottoir comme une flaque d'huile noire, se casse sur le rebord et chute dans le caniveau. Les mains enfoncées dans les poches, le visage dissimulé sous le chapeau, Marleau sent les gouttes de sueur qui perlent sur son front.

Ça y est, il est arrivé devant le numéro 66. Il hésite, le temps de lancer un dernier regard par-dessus son épaule pour s'assurer que personne ne le suit. Une dernière fois, il caresse l'objet caché au fond de sa poche. Sec, un déclic métallique fait penser qu'il enlève le cran de sûreté d'un revolver de gros calibre. Puis, souple et rapide, Marleau s'élance et saisit la poignée de porte. Il s'imaginait passer en coup de vent. L'ennui, c'est que la porte refuse de s'ouvrir. Elle est fermée à clé.

Embarrassé, Marleau hésite. Il aurait pu s'arrêter là mais il est du genre à s'obstiner quand il ne faut pas. Perdant rapidement son flegme, il se met à secouer la poignée de plus en plus nerveusement. Puis il donne de grands coups d'épaule dans la porte qui ne bronche pas. Et, pour finir, il s'acharne à coups de pied, absolument décidé à ne pas se laisser narguer par une porte entêtée.

Chose étrange, toutes les façades de la rue commencent à vaciller. Puis d'un coup, elles s'écroulent dans la rue. Pour éviter d'être écrasé, Marleau se colle contre la porte, le seul élément du décor qui reste inébranlable. Le lampadaire aussi a échappé miraculeusement au cataclysme : il est passé à travers une fenêtre. C'est qu'en vérité cette rue entière n'est rien d'autre qu'un décor de cinéma monté dans le grand studio de Pop-corn International.

— Merde, s'écrie le malheureux Marleau avec un sanglot au fond de la gorge. Qu'est-ce que j'ai fait là ! ... Comment je vais expliquer ça, moi ? Ah non ! C'est sûr, je vais perdre ma job !

Disant cela, il se souvient de ce qu'il était vraiment venu faire au studio. À toute vitesse, il contourne la porte et prend dans une boîte de métal vissée au mur une petite clé attachée au bout d'une longue chaîne. Marleau sort du trench-coat une horloge de ronde et fait jouer la clé dedans. Juste à temps, sinon le système d'alarme se déclenchait. Parce que Pop-corn International est muni d'une alarme très perfectionnée qui se déclenche si le gardien de nuit ne signale pas sa présence à intervalles réguliers. Et le gardien de nuit, c'est Augustin Marleau.

En fait, il est gardien de nuit depuis cinq mois seulement. Il n'y a pas si longtemps, il était encore comédien. Un très bon comédien. Mais pas chanceux du tout. Il n'avait jamais rien obtenu d'autre que des petits rôles. Pire encore, des rôles de bandits, de traîtres, de filous, de maniaques, de vicieux, de fous. Pour tout dire, rien de réjouissant, et cela l'avait complètement démoralisé parce que lui rêvait des « classiques » du théâtre (que je trouve personnellement plutôt ennuyants), ou à ceux du cinéma (qui sont toujours en noir et blanc). C'est pour ça que Marleau a tout abandonné. Il avait peut-être le physique de l'emploi, mais pas la mentalité d'un « méchant ».

Il s'est cherché un travail de nuit, pour qu'on l'oublie, qu'on le laisse tranquille. C'est une drôle d'idée, surtout que cela l'oblige à passer la plupart de ses nuits en solitaire au milieu de décors où il ne jouera jamais aucun rôle. C'est certainement pas comme ça qu'il va se remonter le moral, Marleau !

Il suffit de voir le visage qu'il fait en rangeant son habit de détective privé dans l'atelier de costumes pour le comprendre. Perdu dans ses pensées, il examine les smokings, burnous, pourpoints, kimonos, chemises à carreaux, costumes de Tarzan ou de chevaliers tous très démocratiquement alignés dans la penderie. D'un geste respectueux, il refait en soupirant le pli d'un costume mal suspendu. Marleau n'a pas allumé la lumière, mais celle du dehors entre par les carreaux sales et crée un éclairage mystérieux qui lui donne une mine plus triste encore.

Tout à coup, un bruit retentit et le

fait sursauter. Marleau allume sa lampe de poche d'un geste nerveux. Le bruit vient du fond de l'atelier. C'est un bruit d'enfer qui déchire le silence. Pourtant, ce n'est qu'un aérosol vide qui roule sur le plancher.

— Holà ! Qui va là ? Il y a quelqu'un ?

Marleau promène le rayon de sa lampe sur les étagères débordant d'accessoires, de perruques, de chapeaux. Sans quitter des yeux le fond de la salle, Marleau s'avance de quelques pas hésitants.

Même s'il regarde droit devant lui, il devrait tout de même remarquer une masse de cheveux blonds tout ébouriffés qui tranche avec les perruques alignées sur une étagère juste à côté de lui. Parce qu'il y a dans ces cheveux-là des yeux bien ouverts qui le suivent au passage.

Devinant une présence, Marleau se retourne d'un coup. Mais pas assez vite pour surprendre la tête blonde qui s'est déjà enfuie. Il a beau pointer sa lampe de poche sur la tablette et autour, tout ce qu'il voit, ce sont des vêtements qui se balancent doucement en faisant grincer leurs cintres. Marleau fait une moue comme s'il pensait s'imaginer des choses. Une moue un peu fabriquée, qui laisse deviner qu'en fait une idée lui trotte dans la tête.

Reprenant son trench-coat, il se dépêche de sortir de l'atelier de costumes et pénètre, juste de l'autre côté d'un couloir, dans une pièce vitrée si petite qu'il doit rentrer son ventre pour passer derrière son bureau. Là, il s'assoit sur une chaise bancale et ouvre un journal qui le cache complètement. Seuls ses doigts dépassent de chaque côté.

Pendant ce temps, dans l'atelier de costumes, quelque chose écarte doucement des manteaux suspendus. Et audessus de bottes de cow-boys, de sabots de bois, de souliers Louis-XIV, de talons aiguilles, de bottes cosaques, de mocassins, une paire d'espadrilles rouge vif fait soudain un pas en avant. Une adolescente passe la tête entre les manteaux en mâchant de la gomme baloune. C'est moi.

Je suis bien contente que le gardien ne m'ait pas vue. En plus de jouer aux courants d'air, j'aime bien jouer des tours et c'est justement ce que j'ai l'intention de faire.

Alors, je me dirige à pas de loup vers le bureau vitré. J'y arrive sans avoir fait le moindre bruit, mais une fois dans le bureau, je sais que ce ne sera plus aussi facile : l'endroit est encombré de paperasse, de journaux et de restes de mets chinois en train de se fossiliser. De plus, il me faut passer entre des classeurs en équilibre incertain, dont les tiroirs entrouverts débordent de flots poussiéreux de papiers.

Malgré tout, je réussis à m'approcher du bureau de Marleau qui continue de lire son journal sous une lampe suspendue au plafond. Je fais passer ma mâchée de gomme d'une joue à l'autre et puis, certaine de mon effet de surprise, j'attrape le journal et l'arrache des mains de Marleau... qui n'est pas là ! Je manque d'avaler ma gomme et de m'étouffer.

En prenant le journal, j'ai accroché la lampe qui s'est mise à se balancer et à osciller, créant un éclairage effrayant. Cela me permet aussi de voir que deux bras de mannequin attachés au dossier de la chaise tenaient le journal et que deux pinces « alligator » retiennent les souliers vides de Marleau debout sur les talons et donnent l'impression qu'il a les jambes croisées sous le bureau.

J'essaie encore de comprendre ce qui se passe quand j'entends craquer une allumette dans mon dos. Je me retourne d'un coup sec pour voir, à la lueur de l'allumette, une silhouette cachée entre deux classeurs. L'ampoule oscille toujours au bout de son fil et vient par moments éclairer l'individu jusqu'à la taille.

— Non, non ! Ne dis rien ! Laisse-moi deviner... Hummmmm... fait Marleau avec des intonations inspirées de Orson Welles dans *The Lady from Shanghai*. Qu'est-ce qu'un charmant oiseau de nuit dans ton genre peut bien me vouloir à cette heure ?

Une cigarette à la commissure des lèvres, il parle en ouvrant à peine la bouche. L'allumette qu'il tient à hauteur de visage se consume rapidement. La flamme affleure ses doigts qui reculent peu à peu, sans toutefois lâcher l'allumette. Marleau prend de sa main libre la cigarette suspendue à ses lèvres. Il m'examine des pieds à la tête, s'attardant surtout à mes cheveux blonds ébouriffés.

— Ah ! Ah ! Je sais ! Votre mari est disparu et vous désirez le retrouver ! dit-il le plus sérieusement du monde.

Là, franchement, il exagère. Il a déjà réussi à retourner contre moi le bel effet de surprise que je lui avais préparé, il n'a pas besoin de se payer ma tête en plus !

— Et ce mari, de continuer Marleau, vous voulez le retrouver mort ou vif, ou plutôt mort que vif ? Parce que moi, je fais dans le vif, exclusivement. Les cadavres, je les laisse aux autres.

La flamme de l'allumette atteint les doigts de Marleau mais, s'en détournant, il souffle dans sa manche gauche... l'allumette s'éteint au bout de son bras droit, comme si l'air pouvait circuler d'une manche à l'autre. Plus étonnant encore, sa cigarette s'allume d'elle-même.

— Bon, arrête de faire le fou ! lui dis-je, pas du tout impressionnée par son petit tour de magie.

Ce qui me dérange, c'est qu'il recule d'un pas et que je ne le vois plus entre les classeurs mal éclairés. Je m'approche et avance la main dans le coin d'ombre en me demandant bien où il est encore passé.

— Écoute, la jeunesse ! crie-t-il dans mon dos en me faisant sursauter.

Le voici revenu comme par enchantement à son bureau et, cette fois, il me parle à la manière de Jean-Paul Belmondo.

— Si tu veux qu'un privé se mouille pour toi, faudrait voir à dire toute la vérité. J'en ai vu d'autres, moi. Le coup de « la visite, comme ça, pour le plaisir », on m'le fait plus.

— Bon, dans ce cas, dis-je, faisant mine de passer aux aveux et déballant moi aussi mon grand jeu, si vous me poussez à ma dernière extrémité, je dirai tout. La vérité, c'est que je suis venue vous voir pour que vous m'aidiez à retrouver... mon père !

— Un père en plus ? Merde ! Ça se complique salement !

— Y a plus compliqué encore. Mon père, monsieur Marleau... c'est vous ! m'écrié-je en arrachant d'un geste la perruque que j'avais prise dans l'atelier de costumes.

— Ma fille ? J'ai une fille, moi ? se moque Marleau refusant de s'attendrir. Non, non, je marche pas. Il y en a une dans ton genre qui m'a fait ce coup-là, y a pas longtemps. Je lui ai payé une pizza, avec anchois. Je ne l'ai pas revue depuis.

— C'était moi, papa ! Josée, ta fille adorée ! Tu ne me reconnais pas ? Je suis revenue ! Papa ! Embrasse-moi !

Alors, on s'est joué la grande scène du troisième acte : on a couru l'un vers l'autre à travers le bureau. Il y avait seulement trois pas à faire, alors, on a fait semblant d'avancer au ralenti. Je me suis jetée dans ses bras et papa m'a donné un baiser sur le front. Il aurait pu m'embrasser sur la bouche, ça m'aurait pas gênée, mais même quand il joue un de ses personnages, papa est pas mal timide.

— Comment ça se fait que t'es pas chez toi à cette heure-ci ? me réprimande-t-il.

— Bien, c'était plate. Y a personne à la maison. M'man est sortie au théâtre avec Philippe. De toute manière, j'aime autant pas la voir pour un bout de temps !

— Et pourquoi ?

— Je me suis chicanée avec elle... à cause de la polyvalente, avoué-je à contrecœur.

— Puis tu viens voir ton vieux père pour qu'il te console !

Il replie les faux bras derrière le dossier de la chaise et s'assoit en croisant ses — vrais — bras sur sa poitrine.

— J'ai laissé un mot pour dire que je passais la fin de semaine avec toi !

— J'suis de garde toute la fin de semaine ! Tu peux pas rester avec moi, Josée.

— On sait bien. Tu veux jamais de moi ! me lamenté-je.

— C'est pas ça ! proteste papa qui se sent tout de suite coupable.

C'est en plein ce que je cherchais. Il ne me reste plus qu'un petit effort à faire et je suis certaine de pouvoir rester. Très gentille et avec mon sourire qui marche le mieux avec les gars de la polyvalente, je lui dis :

— C'est super ici. Tu vas pouvoir me faire visiter les studios... As-tu le goût de manger une pizza ?

— Encore ? Sais-tu à quoi ça finit par

ressembler quelqu'un qui mange rien d'autre que de la pizza ?

Se calant au fond de sa chaise, il se met les bras sur la tête. Le mécanisme à ressort reliant les bras de mannequin à la chaise se déclenche de lui-même et les fait se lever sous les aisselles de mon père, lui donnant l'apparence d'une déesse hindoue. Je me mets à rire. Au même moment résonne la sonnerie du téléphone. Papa décroche nerveusement. Un des bras artificiels surgit encore une fois, frappant la main de mon père et projetant le récepteur vers moi. Je l'attrape au vol.

— Allô ! Allô ! Vous êtes là, Marleau ? crie une drôle de voix pleine de mauvaise humeur.

— À qui voulez-vous parler ? demandé-je sans trop réfléchir.

— Donne-moi ça ! chuchote mon père en mettant la main sur l'émetteur. J'ai pas le droit de faire entrer personne ici.

— Marleau ? Répondez, Marleau ! continue de crier la voix rauque. Ah ! C'est pas trop tôt ! Louis Légaré à l'appareil. C'était quoi ce bruit d'enfer tout à l'heure ? Ça venait du studio, non ?

— Euh... du studio... Ah ! oui... C'est le décor qui... qui... euh... il est tombé, on dirait...

— Quoi ? Vous pensez pas qu'on a assez d'emmerdes comme ça, non ?

— Mais c'est pas moi. C'est le décor. Il devait pas être bien cloué. Puis, euh, j'pense qu'il y a eu une sorte de petit tremblement de terre. J'avais un café, sur mon bureau... ça s'est mis à... ça faisait des vagues !

À mesure qu'il invente son mensonge, mon père grimace, se rendant compte que, justement, le café est un peu fort...

Le personnage au bout du fil ordonne encore à mon père de venir s'expliquer cette nuit même parce qu'il la passe à travailler à son bureau, puis il raccroche sans lui laisser le temps de répondre.

— Pffuiitt... comment il sait pour le décor, lui ? s'inquiète papa.

— C'est qui « lui » ?

— C'est le comptable du Studio. Louis Légaré, dit le Zélé ! Un sale mec, j'te dis !

Un crépitement de guichet automatique imprimant un reçu nous interrompt.

Il y a ici, comme partout dans l'édifice de Pop-corn International, un terminal d'ordinateur encastré dans le mur. Et par une fente au bas du terminal, sort un papier perforé portant la transcription intégrale de la conversation téléphonique entre mon père et Louis Légaré.

— Qu'est-ce qu'il imprime, l'ordinateur ?

— Ils appellent ça un « mémo automatique », m'explique mon père en allant prendre le papier perforé qu'il enfonce sans le lire dans la poche de son uniforme de gardien de nuit. Ici, l'ordinateur « tape » les lignes ! Il enregistre tout et t'en imprime une copie. C'est un ordinateur totalitaire qu'ils ont acheté.

— Ah ! Puis ce truc-là, c'est une lentille de caméra ?

— Tous ces dossiers-là, continue mon père, ils les ont mis ici parce que ça sert plus. Tout est dans l'ordinateur à présent. Quoi ? Qu'est-ce que tu as dit ?

Réalisant ce que je viens de suggérer, mon père revient vers moi la mine inquiète. Moi, je souffle ma gomme bien ramollie qui crève et me colle au bout du nez. Je la ramène dans ma bouche d'un coup de langue en pointant du doigt un élément du terminal : soit un morceau de verre bombé de la taille d'une pièce d'un dollar.

— L'ordinateur nous surveillerait en plus ! ? Non, non, ça se peut pas ça ! Ça doit être un genre de bouton, dit papa tout à fait incrédule.

Il appuie dessus pour s'en assurer. Le « bouton » ne s'enfonce pas et rien ne se produit.

— Ça doit servir à rien. Bon, on y va ?

— Où ?

— À ta pizzeria. J'ai besoin de prendre un peu l'air avant d'aller voir Légaré.

Il passe devant. Moi, avant de le suivre, j'étale ma gomme à mâcher sur le « bouton » à l'usage indéterminé, question de lui faire voir la vie en rose, à cet ordinateur espion.

☆

— Dis donc, comment t'as fait pour entrer ? L'ordinateur verrouille aussi toutes les portes, me dit papa en traversant le studio avec son décor écroulé.

— J'sais par où passer, j'connais ton truc, papa !

— Humpf ! On m'espionne de partout, ma foi ! « Ah ! s'il est pour me trahir des esprits assez bas, ma vertu pour le moins ne me trahira pas ! »

Bon ! le voilà reparti dans ses répliques de théâtre. Je ralentis pour examiner le décor sinistré et je vois un piano remisé le long d'un mur.

— Un piano, papa ! J'ai appris un nouveau morceau.

— Touche pas à ça !

Il n'y a pas beaucoup de conviction dans son interdiction, et, de toute façon, je suis déjà installée au piano. Je commence à jouer une pièce classique : *Dans le hall du roi de la montagne* de Grieg. C'est une musique qui devient vite obsédante. Je l'ai entendue pour la première fois en regardant un vieux film allemand de 1931 : *M. le Maudit*. Un maniaque y sifflait cet air-là avant de commettre ses crimes. J'ai bien aimé ce film et cette musique m'est restée dans la tête. Je pense que je la joue assez bien au piano. Papa a l'air ému de m'entendre.

Je pense qu'il n'est pas le seul à m'écouter. Parce que sans que je le remarque tout de suite, un second instrument s'est mis à m'accompagner. Dès que je cesse de jouer, j'entends clairement les dernières notes d'un trombone qui s'arrête avec un peu de retard.

— Il y a un bizarre d'écho dans ton studio ! Je sais pas pourquoi je dis cela, parce que je sais très bien que l'écho ne transforme pas le son d'un piano en celui d'un trombone.

— Ça doit venir d'une salle de montage, suggère mon père qui n'a pas l'air de vouloir s'inquiéter. Bon, on y va, à ton restaurant ?

Tandis que nous continuons notre chemin dans le dédale de couloirs reliant le studio aux autres bâtisses de Pop-corn International, j'ouvre grandes mes oreilles et j'ai l'impression d'entendre à nouveau un trombone au loin. Il ne joue plus la musique de Grieg mais une mélodie triste. Avec la distance et l'écho, on dirait les gémissements d'un fantôme. J'ai une étrange intuition que quelque chose de bizarre se prépare.

Une sortie de secours donne sur le stationnement déserté. Mon père coince une pièce de monnaie dans la serrure, ce qui empêche la porte de se verrouiller en se refermant.

— C'est un bon truc, papa !

— C'est commode. Le portier n'est pas obligé de savoir que je ne fais pas toutes mes heures.

Dès qu'on s'éloigne de la porte, les graffitis couvrant le mur nous sautent aux yeux. Partout des lettres  s'éparpillent comme dans une explosion de folie. Moi, je remarque surtout le cœur réunissant les noms Alice et Robby.

Papa s'imagine déjà obligé de faire un rapport pour expliquer à Louis Légaré cet acte de vandalisme, quand deux autos patrouilles surgissent tous feux allumés et sirènes bourdonnantes. Elles bifurquent pour traverser le stationnement du studio en zigzaguant dangereusement. Je ne perds pas une seconde et je m'enfuis à toutes jambes sans écouter mon père qui me crie de rester sur place.

Tout se passe très vite. Les autos

patrouilles tournent à angle droit et se croisent, évitant de justesse la collision frontale. On ne sait pour quelle raison la voiture de gauche a décidé de couper à droite, vers moi, et celle de droite d'aller à gauche, vers papa. C'est une stratégie policière qui vise sans doute à semer la confusion, ce qui réussit pleinement dans le cas de mon père qui attend sans bouger que deux policiers à moustache sortent de la première auto patrouille pour le coller face au mur et le fouiller comme un malfrat.

La seconde voiture de police me dépasse et me coupe le chemin en faisant un tête à queue. Je ne m'arrête pas. J'ai assez d'élan pour courir sur le capot de l'auto patrouille et, de là, sauter sur une Chevrolet stationnée entre les policiers et un conteneur. Je rebondis sur le toit de la Chevrolet et je me propulse dans le conteneur plein de décors et d'accessoires de cinéma jetés aux rebuts.

Bondissant de l'auto patrouille, un gros policier et un petit maigre comme un clou tentent d'escalader le conteneur. Le gros fait la courte échelle au maigre qui se retrouve catapulté tête première dans le conteneur. Pendant le temps qu'ils y ont mis, je suis descendue de l'autre côté et je reviens sur mes pas. Discrètement, je trotte dans le dos des policiers et me glisse dans la Chevrolet qui est la voiture de mon père.

Lui se démène comme un diable quand on lui passe les menottes.

— C'est pas de ma faute. C'est tombé tout seul. J'vais le payer, le décor. J'ai des assurances ! crie-t-il, croyant n'avoir rien d'autre à se reprocher que cette histoire de décor.

— Ferme-la, puis tiens-toi tranquille !

Pendant que le policier maigrichon continue de me chercher dans le conteneur, son confrère s'intéresse à la borne-fontaine qui se trouve juste à côté de la Chevrolet. Évidemment, il ne peut pas savoir qu'elle est fausse. Depuis qu'un accessoiriste s'est trompé et qu'à la place d'une seule réplique de borne-fontaine pour les besoins de la séquence soixante-six, il en a fabriqué soixante-six pour la séquence un, qui se déroulait dans une salle de bains, eh bien ! il y a soixante-cinq fausses bornes-fontaines de trop dans les corridors de Pop-corn International. Mon père leur a trouvé une utilité : lorsqu'il quitte un endroit où il doit revenir, il en laisse une sur le trottoir. Personne n'ose plus y stationner de peur d'avoir une contravention. Quand mon père revient, il peut reprendre sa place sans problèmes.

Jusqu'à maintenant le truc lui a servi, mais, cette fois-ci, il lui vaut la contravention que lui prépare le gros policier content de s'offrir au moins cette satisfaction.

Tout à coup, une idée lui vient. Il se penche et regarde sous la voiture. Évidemment, il n'y a personne.

Moi, je sors la main d'entre les journaux et l'amoncellement de sachets de maïs à éclater qui me cachent et j'abaisse le loquet de la portière. La seconde suivante, le policier se redresse, son nez frôlant la vitre embuée. Il sonde la porte qui ne s'ouvre pas. Il se colle le visage contre la glace pour examiner l'intérieur.

Je me fais toute petite, recroquevillée sur le plancher devant le siège du passager.

Les journaux me couvrent bien et tout ce que le policier remarque c'est que cette Chevrolet a besoin d'un sérieux ménage.

☆

Pendant ce temps, le hall d'entrée de Pop-corn International bourdonne de policiers de la section des homicides. Au fond de la salle, Tremblay, le portier, se fait interroger par un sergent moustachu. En fait, tous les policiers ont une moustache, on ne sait trop pourquoi.

— Comme ça, les trois dernières personnes à sortir d'ici ont signé ton registre sans que tu les voies partir, dit le sergent, la mine soupçonneuse.

— Ben oui ! Pourtant, j'suis là tout le temps. J'suis bien allé aux toilettes une couple de fois, mais jamais longtemps. Je comprends pas ça, baragouine Tremblay la voix pâteuse et suant à grosses gouttes.

On amène mon père devant un inspecteur rondouillard nommé Grasselli qui grogne en parlant et débute ses phrases comme s'il jappait. Sa seule assurance, pour ne pas dire son arrogance, indique

que c'est lui qui mène l'enquête. Il porte un imperméable pâle, sans doute pour se distinguer des uniformes bleu sombre de ses hommes, et un ridicule chapeau trop petit pour sa tête. Lui aussi porte une moustache, exactement comme ce policier en uniforme qui le suit pas à pas, jetant sans cesse par-dessus l'épaule de l'inspecteur un regard inquisiteur.

— Vous travaillez ici depuis longtemps ? demande l'inspecteur Grasselli en examinant les papiers de mon père.

— Ça va faire deux ans... Qu'est-ce qui s'est passé ?

— Tu liras les journaux... dit sèchement l'inspecteur. Puis se ravisant, il reprend son ton faussement aimable et demande encore : Vous faisiez quoi quand mes hommes vous ont trouvé ?

— J'allais...

Papa hésite, expliquer qu'il partait manger une pizza ne ferait pas très sérieux. En plus, il ne veut pas m'impliquer dans cette histoire. Alors il invente une entorse à la vérité :

— J'avais coincé une jeune fille qui était entrée dans le studio. Je la mettais à la porte.

— Celle qui s'est sauvée ?

— Oui, oui. Elle a eu peur en voyant arriver la police. Elle a peut-être pensé que c'était moi qui vous avais appelés, ajoute mon père qui n'a jamais très bien su mentir.

— Vous ne savez pas qui c'était, cette fille-là.

— Pas du tout !

Il a beau être catégorique, Grasselli n'a pas l'air convaincu du tout. À ce moment, on descend des étages supérieurs une civière portant un corps enveloppé dans une couverture rouge. Des bouts de films dépassent de sous la couverture. La mine de mon père s'assombrit en comprenant qu'il se passe quelque chose de sérieux dans l'édifice. L'inspecteur arrête la civière.

— Vous n'avez pas peur des morts, j'espère ? demande malicieusement l'inspecteur Grasselli qui soulève la couverture sans plus de préambule.

Un visage convulsé apparaît, une bande de pellicule serrée autour de la gorge et entravant son bras gauche. Détail bizarre, il porte des verres fumés très opaques. Des lunettes auxquelles manque un verre, ce qui permet de voir un œil grand ouvert, glauque et figé dans la mort. Même si mon père essaie de contenir son émotion, il faut admettre qu'un cadavre, cela donne froid dans le dos... plus encore s'il porte des verres fumés identiques à ceux qu'on a laissés dans la boîte à gants de son automobile. Inquiet, papa dit :

— Bizarre.

— Hein ? Quoi ? font ensemble les deux policiers.

— Han ? ! fait papa avec la mine d'un accusé.

— Vous avez dit bizarre ? questionne l'inspecteur en fronçant les sourcils.

— Moi ? J'ai dit bizarre ? réplique mon père qui ne saisit pas ce que ce mot peut avoir de compromettant.

— Hein, Paul ? Il a dit bizarre ? demande l'inspecteur en se tournant vers la tête du policier obstinément juchée pardessus son épaule.

— Oui. Il a dit « biiizârre », confirme celui-ci avec une drôle de prononciation.

— Tiens, c'est bizarre ! Non, non,

c'est un mort tout ce qu'il y a de naturel, conclut papa, aussi mal à l'aise qu'un homard sur le bord d'une marmite d'eau bouillante.

Grasselli semble trouver un malin plaisir à surveiller la réaction des gens confrontés à un cadavre, et la bouffée de chaleur qui affecte mon père le fait sourire.

— Ça file pas ? On n'a pas l'habitude des refroidis ?

— Non, ça va. Euh, c'est M. Arnaud, déclare papa qui n'arrive pas à détacher ses yeux de ce mort portant des verres fumés borgnes.

Grasselli fait quelques pas vers une photo grand format accrochée au mur du hall avec, en dessous, un slogan publicitaire à la louange de l'« Équipe du tonnerre » qui préside aux destinées de Pop-corn International. Quatre personnages y figurent et l'un d'eux est le mort sur la civière. Grasselli lui fait un éloge funèbre en se déplaçant lentement entre le mort et la photo.

— Hé oui, Antoine Arnaud. Riche homme d'affaires, grâce au monopole de la vente de Pop-corn dans tous les cinémas du pays. S'est lancé dans la production de films en achetant les anciens studios gouvernementaux, rebaptisés Pop-corn International. Bref, un *success-story* à l'américaine. Et une bien bizarre manière de crever.

La couverture rouge est rabattue sur le visage d'Antoine Arnaud, et sur un signe de Grasselli, la civière reprend le chemin de la morgue.

— C'est un... un accident ?

— Étranglé par un film incassable qui s'est coincé dans les engrenages d'une table de montage, lance l'inspecteur d'un ton bourru. Un suicide peut-être. Il paraît que les affaires de la compagnie ne vont pas bien du tout. Vous n'avez rien vu d'anormal pendant vos rondes, Monsieur Marleau ?

— Non... À part un décor qui est tombé.

Arrive à ce moment le sergent qui interrogeait Tremblay. Il prend l'inspecteur Grasselli à part et lui dit quelques mots à l'oreille. Tremblay en profite pour s'approcher de papa.

— Le décor est tombé ? Merde ! Ça va

faire du trouble, ça ! Vas-tu faire un rapport ?

— Pas besoin, Légaré est déjà au courant ! Au fait, la police l'interroge pas, lui ? Il m'a dit qu'il travaille à son bureau toute la nuit.

— Ben non. Il est parti. Il a signé le registre. J'comprends pas, j'aurais dû le voir passer. J'suis bien allé aux toilettes, mais...

Mon père enregistre le renseignement mais n'écoute Tremblay que d'une oreille. Il aimerait bien savoir de quoi Grasselli et le sergent discutent dans leur coin. Un policier interrompt Grasselli en lui apportant le sac qui contient mes affaires pour la fin de semaine. Je l'avais laissé à papa au moment de jouer du piano et il l'avait gardé. Grasselli prend mon sac et rejoint mon père...

— Tes autres patrons, là, Ingerstein, Chavignac et Légaré, ils étaient ici, ce soir ?

— J'les ai pas vus. M. Légaré m'a téléphoné à propos du décor qui...

— C'est à toi, ce sac-là ?

— C'est à ma fille, répond mon père

qui, ensuite, ment pour me protéger ; j'suis divorcé. Je devais la prendre chez moi pour la fin de semaine, c'est pour ça que j'avais pris ses affaires, mais comme finalement je travaille toute la fin de semaine, elle vient pas, c'est pour cela que j'ai gardé ses affaires pour les lui rapporter, chez sa mère, demain matin.

Grasselli écoute ces explications hésitantes qui le font ricaner. S'approchant à une distance inconfortable de mon père, il dit en souriant :

— Vous avez un visage familier, vous. J'ai l'impression de l'avoir déjà vu.

— Ah oui ? J'ai déjà été comédien. Vous m'avez peut-être vu à la télé ? réplique papa, flatté qu'on le reconnaisse.

— Non, non, pas à la télé, dit l'inspecteur, sans lui laisser le temps d'une illusion. Je veux dire dans le fichier central. Il y en a pas mal là-dedans qui ont des gueules comme la tienne.

Il faut l'avouer : c'est vrai que mon père a un visage particulier. Il a beau être gentil au point que c'en est gênant, cela n'empêche qu'il a plutôt un visage d'assassin. Et quand on se trouve devant un inspecteur de police qui recherche un criminel, c'est un sérieux handicap. Se pensant cuit, papa devient rouge comme un homard. Pourtant, contre toute attente, Grasselli termine l'interrogatoire en disant :

— Bon. Vous pouvez y aller. On vous rappellera si on a besoin de vous.

# 2

*Celui qui pense que tout ce qui peut*
*mal tourner va mal tourner*
*est peut-être un optimiste.*

Revenant à sa voiture, mon père aperçoit la borne-fontaine à côté de sa voiture. Il ne se souvient pas de l'avoir laissée là. Ensuite, il aperçoit la contravention sur le pare-brise. C'est la goutte qui fait déborder le vase. Il éclate de colère. Tous les jurons qu'il connaît y passent et cela se termine par un coup de pied dans la portière qui me fait bourdonner les oreilles.

En même temps, le coffre arrière s'ouvre tout seul, comme cela arrive souvent avec la voiture de papa parce que la serrure est complètement rouillée. Mon père va refermer le coffre d'une poussée rageuse des deux mains. Il arrive de l'avant de la voiture et ne peut voir de cet angle l'intérieur du coffre. Sinon il aurait vu qu'un homme est allongé sur le dos au fond du coffre, blême comme un mort !

Se doutant de rien mon père ramasse la borne-fontaine et la jette sur le siège arrière avec mon sac. Il sort ensuite une boîte plate de sous le siège du conducteur. Elle est pleine de contraventions auxquelles s'ajoute la dernière. Puis mon père se penche vers la boîte à gants. Il remue la foule d'objets qui s'y trouvent et sort la vitre d'un verre fumé. Une vitre qui irait comme un gant aux lunettes que portait Antoine Arnaud !

— C'est ça. Me voilà bien pris ! se dit papa.

Moi, je ne sais pas encore dans quel pétrin il se trouve. Je pense que c'est le bon moment de lui jouer un tour parce qu'il ne m'a pas encore vue. D'un coup sec, j'allonge le bras et je lui attrape la main. Je ne l'ai jamais vu faire un saut pareil. Si le toit de la voiture ne l'avait pas arrêté, il aurait volé sur l'asphalte du stationnement, c'est sûr. Rien qu'à voir son visage paniqué j'ai moi aussi perdu l'envie de rire.

— Josée ! Où t'étais ? Cache-toi ! me dit-il moitié criant, moitié chuchotant.

— Bien quoi ? Il n'y a plus de danger, ils sont partis !

— Reste cachée, j'ai dit ! Faut pas qu'on te voie !

D'une main, il appuie sur ma tête pour m'obliger à rester accroupie. Il jette à la ronde des regards inquiets, démarre et s'éloigne doucement. Il a une mine angoissée que je ne lui ai jamais vue.

— Veux-tu bien me dire ce qui t'a pris de te sauver ? me reproche-t-il.

— J'aime pas les policiers, rouspété-je.

— C'est pas une raison pour se sauver. Euh, bon, c'est peut-être mieux comme ça. Ils sauront pas que c'est toi qui étais là. Tu seras pas mêlée à tout ça. On s'entend là-dessus ? T'es jamais venue au studio ce soir, O.K. ?

Du plancher, je fais signe que oui, sans vraiment comprendre à quoi rime tout ce manège.

À chaque bosse de la route, je me cogne dur contre le plancher. On roule depuis assez longtemps maintenant et j'en ai assez de me couvrir de bleus.

— Bien, pour de vrai, j'ai pensé que la police, c'était à cause de l'examen de français, dis-je à papa en reprenant place sur le siège.

— Ah ? Tes notes sont si mauvaises que ça ? s'étonne mon père.

— Mes notes sont bonnes, mais toute l'école a coulé. À mon école aussi tout fonctionne par ordinateur. C'est même lui qui corrige les examens. Cette maudite machine-là ne donne pas de chance à personne.

— Et toi, t'as eu des bonnes notes ?

— Oui, assez bonnes. Beaucoup mieux que j'espérais. En fait, tous ceux de ma bande ont eu de bonnes notes.

Je m'arrête avant de trop parler. Parce que je serais bien embêtée de lui expliquer ce que j'ai fait à l'ordinateur de l'école. Heureusement mon père, qui conduit en me regardant, ne voit qu'à la dernière minute un feu rouge. Il freine sec. Je tombe sur le plancher de la voiture qui oscille longuement sur ses ressorts après s'être arrêtée. Le coffre arrière s'ouvre encore une fois.

Mon plongeon a surpris mon père qui a peur que je me sois fait mal.

— Non, non, ça va. J'ai rien, le rassuré-je en pensant qu'il ferait bien de regarder où il va parce que j'aurais pu me casser le nez. Même si cela fait un an que je lui trouve toutes sortes de défauts, depuis que Pascal Lajoie, le plus beau gars de la polyvalente, m'a dit que j'avais un beau nez, j'ai pas du tout envie de me le crochir.

D'habitude, mon père est franchement moins étourdi que ce soir, alors je me décide à lui demander ce que la police lui voulait, à lui.

— À moi ? C'est pas clair. Bien, il y a eu un accident... un mort ! Mais, j'pense qu'ils vont s'imaginer que... que j'ai...

Papa s'interrompt. Une grosse voiture peinte en rose avec des flammes dessinées au-dessus des roues s'immobilise juste à notre hauteur. Trois voyous inquiétants s'alignent sur la banquette avant. Ils regardent devant eux, sans s'intéresser à nous. Le conducteur a les mains et le visage tatoués. Au milieu, une femme aux allures d'aristocrate-rockeuse fume une cigarette fichée dans les pointes d'un inquiétant instrument pouvant aussi bien servir de porte-cigarettes que de coup-de-poing américain. Le troisième a le crâne rasé. Accoudé à la glace abaissée, il mâche un mégot de cigare pendu à ses lèvres. Il est tellement près de mon père que ce dernier se sent obligé de me parler à voix basse. En fait, cette précaution est plutôt inutile, une musique heavy rock joue à tue-tête dans leur auto.

— Écoute-moi bien, poursuit papa, comme à la confesse. Le mort, là-bas, il avait sur les yeux les lunettes fumées qui sont d'habitude dans ma boîte à gants. Je ne sais pas comment elles se sont rendues là, mais ça peut me faire un maudit paquet de problèmes !

— T'en es certain ?

— En tout cas, ils auront une jolie collection de mes empreintes. En plus, il se forçait trop pour être poli, l'inspecteur. C'est pas normal, un flic qui vouvoie un gardien de nuit. Il me soupçonne c'est sûr.

— Je peux t'aider papa ! J'suis bien bonne pour démêler les intrigues, insisté-je tout excitée.

J'ai un peu honte de m'enthousiasmer quand mon père pense s'être fourgué dans une situation en vérité sérieuse et angoissante. Mais j'y vois la chance de montrer ma valeur puisque j'ai décidé qu'après mes études je serai détective privée. Papa n'est pas du tout d'accord avec cette idée. Il ne veut pas non plus, je ne sais pourquoi, que je sois romancière comme Agatha Christie ou réalisatrice de film. Alors, je vais lui faire voir de quoi je suis capable. C'est décidé. Mais, je devrai faire attention parce que j'ai tendance parfois à être trop sûre de moi et que, cette fois, c'est trop grave pour que je puisse me tromper.

Le feu devient vert, le Crâne Rasé allonge le bras et, d'une chiquenaude, projette son mégot sur le cou de mon père. L'auto des trois voyous démarre dans un crissement de pneus mêlé au rire du gras Crâne Rasé.

— Ouille ! Ayoye ! Josée, aide-moi ! se lamente papa qui pense que le mégot est tombé dans son col de chemise et sort de l'auto en exécutant une sorte de danse endiablée. Moi, je cours insulter les trois voyous qui disparaissent au coin de la rue.

— Maudits scalpés de merde ! Cervelles d'œufs pourris ! Cours-leur après, papa. Vite, on va les perdre de vue, ordonné-je excédée des malheurs qui s'abattaient sur mon pauvre père.

— Minute ! O.K. ça va faire, là. Ameute pas tous les voyous du quartier en plus. T'es bien baveuse ! proteste-t-il, décidé d'en finir avec cet épisode.

Je retourne m'asseoir en boudant juste pour la forme et pour me donner un moment de réflexion. Mon père n'a pas retrouvé le mégot. Il va refermer le coffre toujours d'une franche poussée des deux mains. Cette fois encore, parce qu'il vient de devant, il ne voit pas la surprise désagréable qui l'attend au fond du coffre. Nous repartons chercher une « pizza » décidément difficile à atteindre.

☆

À peine avons-nous quitté l'intersection que des phares s'allument dans l'espace séparant deux bâtisses. Pour tenir dans un si petit espace, c'est évidemment une voiture minuscule. Une Innocenti servant d'auto patrouille banalisée. Bousculant des sacs de détritus amoncelés contre les murs des édifices, l'Innocenti nous prend en filature. Au passage, on a tout juste le temps de reconnaître l'inspecteur Grasselli et Paul, son acolyte taciturne.

Quant aux trois voyous, ils se sont arrêtés de l'autre côté du pâté de maisons avec un pneu complètement à plat. Le Tatoué sort en vitesse pour vérifier le dommage. Le Crâne Rasé, lui, se débat avec sa portière qui refuse de s'ouvrir. Il a oublié de la déverrouiller. Il finit par s'en rendre compte. Il soulève le loquet et ouvre la portière d'un coup. La Comtesse bondit sur l'asphalte pendant que le Tatoué arrache du pneu crevé un morceau de métal qui pourrait bien être un morceau de carrosserie tombé de la voiture de papa.

— Tu conduis les deux doigts dans le nez, grand cave ! rugit la Comtesse.

— C'pas d'ma faute, c'est l'autre làbas. C'tombé d'son char, j'pense, larmoie le Tatoué.

— Hein ? C'est tombé de son char ? C'est l'autre là-bas ? C'est l'autre là-bas ? répète le Crâne Rasé pour se moquer de son compagnon.

Le Tatoué est encore agenouillé devant le pneu crevé et le Crâne Rasé lui tape à deux mains sur les épaules comme s'il cherchait la bagarre. Quand le Tatoué décide de se lever, il fait deux têtes de plus que le Crâne Rasé. Prudent ou lâche, ce dernier détourne immédiatement sa colère vers une victime moins capable de lui répliquer. Changeant de ton, il continue de répéter :

— Aââââh ! L'autre là-bas ? C'est l'autre, là-bas ! Ah, ben ! si je l'attrape, je le crève, lui aussi.

Le Crâne Rasé lance le morceau de métal de toutes ses forces dans la fenêtre d'un édifice abandonné. Cela le calme un peu. Pendant ce temps, le Tatoué s'est rendu compte qu'il n'y a pas de pneu de rechange dans le coffre. Il prend une mine d'enfant craignant de se faire gronder et revient voir la Comtesse.

— Hôôôoo… Sacre, j'pense que j'ai oublié l'« spare » au garage la dernière fois !

— R'tenez moi, j'vais le crever, le gros épais, s'insurge le Crâne Rasé en se précipitant vers le coupable. La Comtesse l'attrape au passage par le revers de son blouson de cuir et le soulève presque de terre.

— Suffit, les mâles ! On va pas rompre la belle harmonie de notre petit groupe, hein ?

Lâchant le Crâne Rasé tout adouci, elle indique les pneus à flancs blancs d'une voiture garée à vingt pas.

— Ces pneus-là ont de la classe. Vous me mettrez les quatre ! Ça fera plus joli.

En bougonnant, le Crâne Rasé et le Tatoué ramassent le cric et la clé coudée, et exécutent l'ordre de la Comtesse.

☆

Mon père s'est mis dans la tête de me ramener chez ma mère.

— T'auras beau renifler, pleurnicher, c'est décidé ! Je te ramène chez ta mère, ni vue ni connue.

C'est vrai que je renifle, mais pas du tout parce que j'ai envie de pleurer. Une odeur de brûlé me chatouille les narines et quand on connaît l'état lamentable de la voiture de papa, il vaut mieux s'attarder à tout signe suspect.

— C'est mieux comme ça, crois-moi, continue mon père. Qu'est-ce qu'elle dirait, ta mère, s'il fallait qu'en venant me voir tu sois mêlée à une histoire de... de meurtre, tiens ! Avec ma chance, ils vont rétablir la peine de mort juste à temps pour mon procès !

— T'exagères, papa ! Personne ne t'as encore accusé de rien.

— Les ennuis, ma fille, ça me connaît ! J'en ai toujours eus. De tous les genres. Et, cette fois, en fait de problèmes, je sens que ça va être le sommet de ma carrière !

J'ai déjà essayé de lui faire comprendre que plus il broie du noir, plus il attire le malheur, mais il n'a jamais voulu m'entendre. Pourtant, cela saute aux yeux. La preuve c'est qu'il n'a pas fini de parler qu'une fumée abondante envahit tout d'un coup la voiture. Une expression bizarre anime le visage de papa qui commence à se tortiller les fesses, en se lamentant :

— Hé ! mais, mais ça chauffe, ça chauffe !

Très vite, la fumée devient extrêmement dense. L'intérieur de la voiture a l'aspect d'un aquarium plein de lait. Pris de panique, complètement aveuglé, papa sautille sur son siège et zigzague sans trop voir où il va. Brusquement, un mur de pierres grises surgit devant nous. Papa freine et s'arrête juste avant la collision. Par chance, c'est le mur d'une caserne de pompiers. Mon père court chercher de l'aide. Moi, je plonge sous les banquettes à la recherche du foyer d'incendie, puisque toute cette fumée n'a pas encore laissé s'échapper une seule flamme.

Dans la caserne, mon père ne trouve qu'un seul pompier qui somnole sur un jeu de cartes. Papa le réveille mais, au moment de parler, il se demande comment présenter son problème. De son côté, le pompier semble trouver ses agissements fort étranges et s'étonne que les vêtements de mon père dégagent une fumée laiteuse.

— Excusez-moi. Vous avez de l'eau ? finit par demander mon père au pompier déconcerté. Ensuite, voulant préciser sa pensée, il continue d'embrouiller celle du pompier.

— C'est que... je vous ai apporté un incendie... là, dehors...

D'un geste enfumé, mon père invite le pompier à jeter un coup d'œil dehors. Celui-ci s'avance, l'air méfiant. Arrivé au coin du mur, il se penche et aperçoit notre voiture enveloppée d'une fumée épaisse. Le pompier me distingue à peine qui transporte à pleins bras la fausse borne-fontaine que je dépose sur le trottoir avant de retourner dans le nuage.

Éberlué, le pompier de garde réagit à retardement mais vivement ; il court à son bureau et déclenche l'alerte générale. Immédiatement, ses confrères surgissent de partout, s'entrecroisent, se heurtent dans la confusion la plus totale. L'un d'eux reçoit un coup sur la tête et titube, complètement étourdi, tandis que les autres se précipitent sur l'unique camion de cette caserne, un modèle très ancien, où s'empile en désordre l'effectif complet de la station.

Le pompier assommé prend le volant et, toujours étourdi, démarre. À toute allure, le camion quitte la caserne. Un retardataire court derrière, tout en enfilant les bretelles de son pantalon de caoutchouc. Un autre sautille sur une botte en essayant d'enfiler l'autre. Le camion disparaît au bout de la rue, sans qu'aucun des pompiers n'ait remarqué notre voiture.

J'ai fini par trouver le foyer de l'incendie. Il couvait dans la boîte à contraventions. Je l'emporte dans la caserne. Elle dégage toujours une fumée épaisse et de timides flammes. Papa pointe le bec d'un extincteur et pulvérise les contraventions enflammées.

L'épisode aurait pu se terminer là, mais, à notre insu, un policier s'avance vers notre voiture en trottinant sur le bout des orteils. Il s'arrête au moment où il nous entend venir en discutant fort :

— J'ai pas envie de retourner à la maison !

— Pourquoi tu veux pas comprendre ? Avec ce qui arrive, j'peux pas te garder avec moi. Si on vient m'arrêter, il vaut mieux que tu sois pas là, s'entête à dire mon pessimiste de père.

— Ah ! Pourquoi t'exagères tout le temps ! Personne va venir t'arrê…

Je ravale mes mots en apercevant debout devant notre voiture un policier remarquable par son nez en forme de poire et sa grosse moustache. Il est en train de rédiger une autre contravention. Cela fâche papa qui, trop énervé pour reconnaître dans ce policier celui qui est toujours sur les talons de l'inspecteur Grasselli, va immédiatement au-devant de lui.

— Hé ! Ho ! Minute ! La borne-fontaine, c'est pas une vraie... Vous allez pas me donner une contravention pour ça ! proteste mon père en la soulevant sous la moustache du policier.

— C'est interdit de stationner devant une caserne de pompier ! Puis t'es mieux d'enlever ton auto d'ici, j'allais appeler pour la faire remorquer, prétend le policier, la mine hypocrite.

— Mais il y avait le feu dans mon auto ! Je me suis pas arrêté ici pour rien... Ça pas de bon sens, qu'est-ce que vous avez tous contre moi ?

Mon père ponctue sa frustration d'un autre coup de pied dans la portière. Encore une fois, le coffre s'ouvre. Parce que je suis derrière l'auto, j'ai la surprise de voir au fond du coffre un cadavre le visage tourné vers moi. Je crois que je suis vite devenue aussi blanche que le mort parce que papa s'étonne de l'air que j'ai quand je lui demande de venir voir.

— Ben oui. Je le sais, c'est ouvert, dit-il en contournant l'auto.

Si moi, j'étais devenue blême, la réaction de papa en découvrant le contenu du coffre est de loin plus colorée : il devient rouge tomate et lâche un cri à terrifier un troupeau d'éléphants sauvages. Il referme le coffre aussi sec, devient tout vert et regarde fixement le policier dans le blanc des yeux avec un sourire niais. Tout ça en moins d'une seconde.

Évidemment, le policier ne manque pas de remarquer un pareil comportement. Je pense même qu'il lui a fait peur. Et maintenant que le policier fait lentement le tour de la voiture pour se placer devant le coffre, c'est papa et moi qui n'osons même plus respirer. Nous nous asseyons nonchalamment sur le coffre dans l'espoir qu'il ne nous demande pas de l'ouvrir. Mais voilà, il nous fait signe de nous écarter.

À l'instant où je pense que mon père

va s'évanouir ou tomber à genoux pour supplier : « Non, c'est pas moi, j'ai rien fait », le policier se penche en avant et nous comprenons qu'il veut seulement voir le numéro d'immatriculation. Papa n'a jamais été aussi heureux d'avoir une contravention. Avec un sourire forcé, il remercie le policier et nous partons en vitesse. Je vois dans le rétroviseur le policier qui nous suit d'un regard alourdi d'un profond sentiment de suspicion.

— T'es certaine que c'est une bonne idée ?

— Le policier à moustache nous a vus ensemble tout à l'heure. De plus, avec les contraventions que t'as eus ce soir, ils n'auront pas de mal à retracer où tu étais, et quand tu y étais. Conclusion : il faut pas qu'on trouve un mort dans le coffre de ton auto. Allez, on y va.

Nous sommes sur la pointe d'une jetée abandonnée dans le vieux port. L'endroit est isolé et peu éclairé. Le lieu idéal pour balancer un cadavre dans le fleuve. Cela ne suffira pas à tirer mon père d'embarras, mais cela devrait empêcher les choses d'empirer pour quelque temps.

Nous tirons du coffre le corps encore chaud et mou.

— Merde. C'est Louis Légaré ! Maudit, c'est mon patron en plus ! s'écrie mon père qui reconnaît le comptable de Popcorn International.

— Bon, tu vas pouvoir joindre l'utile à l'agréable !

— T'es pas drôle !

On fait d'abord passer les pieds de Légaré hors du coffre. Plaçant ses bras sur nos épaules, nous le soulevons et le traînons vers le bord de la jetée. Là, on appuie Légaré contre la rambarde. Au moment où on l'attrape par le fond de culotte, sa poitrine bascule sur la rambarde comme s'il se penchait vers l'eau de son plein gré. Nous le soulevons d'un effort vigoureux… brusquement arrêté à mi-course par une voix tonitruante hurlant sans retenue.

— Coupez ! Coupez, merde. Ôtez-vous de mon cadre, vous deux, là-bas !

À l'instant où Légaré a les pieds en l'air, la tête en bas et est prêt à plonger dans l'eau brune du fleuve, une violente lumière nous aveugle, tandis qu'une perche soulève un micro devant nos visages.

Ce n'est pas dans le fleuve que Légaré allait tomber, mais sur un ponton amarré au bas de la jetée. Une équipe de cinéma se préparait à y tourner une scène lorsque le réalisateur nous a vus entrer dans le champ de sa prise de vues. Maintenant, toute l'équipe a les yeux braqués sur Légaré qui ne paie pas de mine ainsi suspendu la tête en bas. Spontanément, j'improvise une solution à l'impasse :

— Excusez-nous, on ne vous avait pas vus. On revient d'un « party ». Puis mon oncle s'est senti mal. Ça va mieux, là, hein ! mo'noncle Armand ? Vous avez plus mal au cœur ? Ce disant, je donne un coup de pied dans le mollet de mon père pour qu'il cesse de faire des yeux de poisson mort.

— Ah, oui ! Il va mieux... enchaîne-t-il, ayant compris mon message. Bon, venez-vous-en. On s'en va, mon oncle Armand ! On rentre se coucher ! Euh ! Bonsoir, excusez le dérangement !

Nous ramenons l'oncle « Armand » à notre voiture. Personne de l'équipe de cinéma ne bouge ni ne dit un mot en le voyant disparaître derrière le quai. Ils n'ont pas compris que Légaré est plutôt mort que saoul mort. Revenu devant le coffre, papa se désespère.

— Merde ! Ils nous ont filmé avec le cadavre !

— Le largage dans le fleuve, c'est raté ! Faut trouver autre chose. De toute manière, c'était une idée simpliste. T'inquiète pas, papa, j'vais trouver mieux, lui dis-je pour le rassurer mais j'avoue qu'à ce moment-ci, je suis à court d'idée.

☆

À bonne distance, deux paires de jumelles nous visent tandis qu'on a beaucoup de mal à réinstaller Légaré dans le coffre. C'est l'inspecteur Grasselli et son acolyte qui sont garés entre une grue et trois étages de conteneurs. Ils nous observent nous empêtrer avec ce Légaré qui a les membres bien trop longs pour entrer facilement dans le coffre de la voiture. Les policiers abaissent leurs jumelles.

— C'est pas beau ça, hein ! mon Paul ? Bâtard que c'est beau ! s'enthousiasme l'inspecteur.

— Ouais ! approuve Paul. Qu'est-ce qu'on fait à présent ? On appelle l'escouade ?

— Non ! jappe l'inspecteur avant de reprendre sur un ton entendu : après une entrée de viande froide, ils enchaînent avec un enlèvement ! C'est un menu qui me plaît, mon Paul. Faudrait pas desservir la table avant qu'ils nous apportent le plat principal !

Paul reste silencieux un instant, essayant de décoder ce que vient de dire son patron. Finalement, comme il n'a rien compris, il répète :

— On n'appelle pas l'escouade ?

— Non ! rugit Grasselli, laisse-les courir ! Qu'ils s'occupent de Légaré, Ingerstein, et Chavignac. T'aurais dû voir cette bande de chiens fous : les trois autres patrons de Pop-corn quittent la place juste après le meurtre d'Arnaud ! Tiens, pfuiittt... La chasse à courre ! Il y en a pas eu un seul pour penser que les meurtriers ne signent pas un registre après avoir fini leur ouvrage ! Surtout pas Pelletier ! Il est tout juste sorti de l'école de police, et ils en ont déjà fait un inspecteur. Ça prend des diplômes pour monter en grade aujourd'hui ! L'expérience, ça ne compte plus. Et maintenant, ils se préparent à faire de la place pour les « ethniques ». Non, non, non, j'suis pas un chien fou, moi. Penses-tu que je vais leur pointer le gibier en plus ? On est deux vieux cabots rusés nous autres, hein Paul ? On va leur montrer comment flairer une trace !

Paul sourit niaisement à ce compliment. Mais on peut douter qu'il ait compris quoi que ce soit au discours de son supérieur.

— Nous deux, on se met à l'affût. On guette. Le gros morceau, on se le garde ! conclut Grasselli avec une lueur gourmande dans les yeux.

☆

CHAN TING

Mets Chinois, Canadiens & Italiens

dit le néon du restaurant, même si le H et le G ne sont plus allumés. Long et large comme un autobus, avec deux rangées de banquettes aux dossiers surélevés, tout le mobilier est en chrome terni et cuirette usée. À l'arrière, les banquettes de droite cèdent l'espace au comptoir-cuisine et, tout au fond, dans un recoin s'ouvrant à gauche, une machine à boules est rudement secouée par quelqu'un qui joue une partie avec une rare énergie.

Le restaurant est tenu par un personnage nerveux, aux gestes saccadés comme le bégaiement qui l'afflige. Il vient de prendre les bouteilles vides de la table d'une cliente somnolant au-dessus de sa bière, un mégot de cigarette au coin des lèvres.

— Eh ! Eh ! FloFloFlorence, endors-toué toué pas. Cé cé c'est pas un hôtel, icitte !

Florence se redresse, les yeux mi-clos, avec la vague impression d'avoir entendu prononcer son nom. Mais déjà le petit nerveux retourne derrière son comptoir et Florence replonge dans sa somnolence.

Mon père est assis au comptoir, dos à Florence. Une moitié de pizza toute garnie déborde de son assiette. Moi, j'avale ma dernière bouchée. Les événements de la nuit m'ont creusé l'appétit et j'ai toujours de meilleures idées le ventre plein, alors, je ne me prive pas.

— … me faut-il toujours suivre le triste cours de mon sort misérable ! déclame papa, écrasé par le poids de la malchance qui s'acharne sur lui.

— T'en fais pas, papa. J'vais t'aider. Ça va s'arranger. J'ai lu tous les P.D. James, les Patricia Highsmith, et je viens de finir *La fée Carabine* de Daniel Pennac. J'suis une vraie spécialiste des intrigues policières. Tu manges pas ?

— Non. Tiens, prends ma part. Mais laisse-moi la croûte.

Je ne me fais pas prier. Le joueur de machine à boules s'énerve dans son coin et grogne à la manière d'un homme des cavernes. Je peux voir sa silhouette à travers le panneau de plastique dépoli, du genre « jaune avec des motifs de fonds de bouteilles », qui va du dossier de la dernière banquette jusqu'au plafond. Florence cogne des clous, le menton sur la main. On a l'impression qu'à tout moment elle va s'endormir pour de bon et s'affaisser sur la table. Entre deux bouchées de pizza, j'essaie de tirer mon père de sa déprime.

— Tu sais, papa, j'suis bonne aussi pour les stratégies. J'ai des jeux d'ordinateur pas mal capotés : Trust and Betrayal, Shanghai, Beyond Zork, Déjà Vu II. Je les ai tous réussis.

— Je pensais que t'aimais pas les ordinateurs ?

— J'aime seulement les micro-ordinateurs comme celui que j'ai. C'est super capotant ! J'ai même appris à programmer ! Pour ça aussi, j'suis franchement bonne !

— T'as un micro-ordinateur à toi ?

— C'est-à-dire que c'est celui de Philippe, le nouveau « chum » de maman.

Je me mords les lèvres en voyant mon père se renfrogner. Je l'avais presque tiré de sa léthargie, et voilà que m'échappent des mots qui le replongent dedans.

Derrière lui, Florence a beau vaciller, elle finit toujours par se redresser. Mais, desserrant les lèvres, elle fait tomber son mégot dans sa manche sans s'en rendre compte.

— Ce que j'aimerais savoir, c'est qui peut m'en vouloir tant que ça ? J'ai jamais rien fait à personne d'assez terrible pour mériter ça ! se lamente mon père.

— Voyons papa ! Regarde-toi. C'est pas de ta faute, mais t'as une face de bandit, lui dis-je sans le ménager. C'est pour cela que quelqu'un a pensé que ce serait facile de te faire passer pour le coupable. Quand la police a un coupable, elle arrête l'enquête, non ? C'est évident. Autrement, pourquoi ce quelqu'un-là aurait caché un cadavre dans ton auto, hein ? Et puis, les lunettes sur l'autre ? C'est clair. Reste juste à savoir qui c'est ! Hé ! Je l'ai ! L'ordinateur de ta compagnie, s'il enregistre tout, il pourra sûrement nous donner des indices sur les meurtres. Ça devrait, non ?

— Ouais. Peut-être bien... Comment on va le faire parler, l'ordinateur ?

— Ça, je m'en occupe.

Dans les yeux de mon père luit une étincelle d'espoir. Moi, j'ai des éclairs qui me sortent des yeux tant mes déductions m'excitent. Florence, elle, dort sans broncher, même si un filet de fumée sort doucement de sa manche.

— J'y pense, dis-je en poursuivant le fil de mon raisonnement, Légaré, là, dans le coffre... Bien, on a juste à le ramener dans son bureau, non ?

— Comment il a fait pour m'engueuler

au téléphone et se retrouver cadavre dans mon auto dix minutes après ? s'interroge papa avec raison.

Une fumée abondante monte droit au nez de Florence qui, la mine vaporeuse, ouvre les yeux et réalise qu'un début d'incendie ronge sa manche.

— Aaaaaaaaaaaaaaaaa ! ! !

Son cri nous fait sursauter. Mais ce cri là n'est rien comparé à celui qu'elle pousse quand mon père noie le début d'incendie en versant son verre de bière dans sa manche. Sans la moindre gratitude pour papa qui vient de lui épargner de s'enflammer tout entière, Florence roule des yeux mauvais, fâchée de perdre sa bière. Elle tire sur sa manche et penche son avant-bras au-dessus du verre vide. La bière, qui n'est pas encore imbibée dans son manteau, coule dans le verre. Florence se calme et enlace sa bière récupérée in extremis.

Se disant qu'il est temps de partir, mon père me donne l'argent pour payer notre repas pendant qu'il va aux toilettes. Le petit nerveux attrape le vingt dollars que je lui tends, le met dans la poche de son tablier, mais prend quand même la monnaie dans la caisse. Le joueur de machine à boules recommence à tabasser la machine. Je suis curieuse de voir de quoi il a l'air et je regarde de l'autre côté du mur en fonds de bouteilles.

C'est le Tatoué qui est là, complètement absorbé par son jeu : il est sur le point de gagner une *free game*. Un événement dans sa vie si j'en juge par son faciès jouissif. Et puis, sur la banquette au fond du restaurant, je vois aussi le Crâne Rasé regardant la Comtesse qui démonte en douce le juke-box mural pour voler la monnaie. J'en ai assez vu. Je sors en vitesse du restaurant.

À l'intérieur des minuscules toilettes où est mon père, tout vibre. On se croirait dans le cabinet d'un avion traversant de fortes turbulences. C'est que, au comble de l'excitation, le Tatoué bouscule la machine à boules contre le mur le séparant des toilettes.

Tout en se soulageant, mon père vérifie dans le miroir accroché au mur s'il a vraiment un « visage de bandit ». Il se forge des expressions douces, essaie un éventail de sourires et exécute quelques grimaces inquiétantes. Soudain, le miroir se décroche et se fracasse en frappant le sol. Les assauts contre le mur des toilettes redoublent, achevant de faire perdre patience à papa. Il donne un coup de poing dans le mur et, du côté du Tatoué, un multiplicateur de fiches électriques s'éjecte de sa prise, comme une toast d'un grille-pain. La machine à boules s'éteint tout bêtement à l'instant où le Tatoué allait enfin avoir sa *free game*.

Candide, papa sort des toilettes et se dirige vers la sortie. Il est tout à coup agrippé, soulevé, propulsé et écrasé sur le mur au fond du restaurant. Puis son champ de vision s'emplit tout entier du faciès assassin d'un Tatoué de fort méchante humeur.

— Ma *free game !* Cibôle ! Tu m'as fait manquer ma *free game !*

Le Crâne Rasé arrive, achevant de coincer mon père.

— J'te reconnais, toi ! T'es le *smatte* qui nous a crevé un pneu tout à l'heure ?

— Quoi ? Euh... J'ai rien fait, moi !

Ils serrent mon père de près, ne lui laissant aucune chance de s'échapper. La

Comtesse se glisse entre ses comparses, s'appuyant sur l'épaule du plus petit.

— T'as bien l'air niaiseux, toi ? T'es pas gêné de porter ce costume-là ? ironise la Comtesse.

— J'suis gardien de nuit... Euh... À Pop-corn International...

— Moi, le pop-corn, j'aime ça quand ça pète, tranche le Crâne Rasé en soufflant la fumée d'un cigare mal roulé au visage de mon père. Tu m'as fait travailler en bâtard le *twitt*. Tu vas m'le payer !

— Puis à moi aussi, j'allais avoir une *free game* ! Il mérite qu'on lui fasse quek'chose de pire qu'on a jamais fait, hein ? Quek'chose comme... comme euh... Faudrait qu'on ait une idée !

D'avoir aligné tant de mots les uns à la suite des autres a épuisé l'intellect du Tatoué et il a un trou de mémoire au moment d'inventer un supplice pour mon père. La Comtesse vient chuchoter à l'oreille de papa ces mots énigmatiques :

— Agréable colère ! Je reconnais mon sang à ce noble courroux !

— Qu'est-cé tu veux dire, là ? interroge le Crâne Rasé, agacé de ne jamais comprendre ce qu'elle veut dire.

— Je dis que la volonté de dépassement du Tatoué est admirable ! Mais c'est pas demain la veille qu'il va avoir une idée, le gros !

— Qu'est-cé tu veux dire, là ? demande le Tatoué la soupçonnant de l'insulter.

— Elle veut dire que t'es un épais ! lui explique le Crâne Rasé.

Le Tatoué n'apprécie pas cette franchise et ils s'agrippent par le revers de leurs blousons de cuir, prêts à se battre. Papa les arrête en récitant pour lui-même :

— Tout m'afflige, et me nuit, et conspire à me nuire !

Entendant cela, la Comtesse qui s'est écartée, question de laisser ses comparses régler les basses œuvres, murmure :

— *Phèdre*, acte deux, scène trois ?

Le Crâne Rasé et le Tatoué, mécontents de ne pas comprendre à quoi riment ces citations décident qu'il est le temps de passer aux actes.

— Eh ! Tu vas pas commencer, toi aussi ! crient-ils en sautant au cou de mon père.

Il était temps que je revienne. Je leur ordonne :

— Laissez mon père ou j'fais sauter la baraque !

Voyant une grenade dans ma main droite levée bien haut au-dessus de ma tête, ils obéissent aussitôt. Le petit nerveux plonge derrière son comptoir. Florence fond sous la table, comme du beurre dans la poêle. La Comtesse vient se camper devant ses comparses.

— Tranquille toi aussi, la Comtesse. Je t'ai à l'œil. Essaie rien ou je fais tout sauter !

— Vas-y, le Tatoué. C'est du bluff !

Le Tatoué fait un pas hésitant vers moi. Je dégoupille et pointe la grenade vers lui. Mon expression déterminée et ma nervosité sèment un doute dans son esprit.

— C'est un détonateur à vibrations. T'as juste à me pousser et tout vole en l'air ! ajouté-je pour qu'il sache à quoi s'en tenir.

— C'est p't'être vrai. On la connaît pas, c'te fille-là ! dit-il à la Comtesse pour excuser sa retraite.

— C'est ma fille, s'excuse mon père, dépassé par les événements.

— Viens, papa ! Bougez pas, vous trois. Va à l'auto, je te rejoins tout de suite.

Je le laisse passer et le suis à reculons, protégeant notre retraite. La Comtesse avance, attendant le moment propice pour intervenir. J'allonge le bras au-dessus du comptoir, j'attrape une bouteille de bière vide. Je la place au bord du comptoir et pose la grenade sur le goulot de sorte que le tout menace de tomber à la moindre vibration. Vibration que causeront certainement les trois voyous s'ils se précipitent à notre poursuite.

— Un conseil. Quand vous sortirez, marchez pas trop fort. Ça pourrait faire vibrer le plancher. Ah oui ! je vous laisse la goupille. Ça va dans le petit trou, là.

Je me dis que le temps qu'ils essaient de désamorcer la grenade, j'aurai rejoint mon père dans l'auto. Quand je sors, la porte du restaurant claque derrière moi. Cela fait dangereusement vaciller la grenade sur le goulot de la bouteille, mais elle ne tombe pas. La Comtesse se montre courageuse ; elle s'approche avec précaution de la grenade. Elle prend la goupille de ses mains plus moites à chaque seconde.

☆

Papa cherche toujours les clés dans son trousseau quand je le rejoins. Il s'écrie en me voyant arriver :

— Une grenade ! Mais où as-tu pris ça ?

— Dans mon cours d'art plastique. Le prof nous a demandé d'« altérer le signifiant d'objets usuels » à partir de ce qu'on trouve dans un sac d'épicerie. Il est bien « granole », ce prof-là. Moi, pour l'écœurer, j'ai fait une grenade à partir d'un pot de relish.

Papa est estomaqué. Écrasant l'accélérateur à fond, il démarre enfin. Mais il a embrayé en marche arrière et nous partons dans le mauvais sens, pour emboutir le devant de l'auto des voyous, garée juste derrière la nôtre. Notre coffre arrière s'ouvre sous le choc et le corps de Légaré est propulsé sur le capot des voyous, sans qu'on s'en rende compte.

La Comtesse, goupille en main, allait justement saisir la grenade qui bascule dans le vide à cause des vibrations provoquées par la collision. Pour une longue seconde, le temps que la « grenade » atteigne le plancher, le cœur des trois voyous cesse de battre.

Cachée sous la table, Florence voit la grenade arriver sur le plancher. L'éclatement qui se produit est très modeste : un pot de verre se brise en cent morceaux qui restent agglutinés à un petit tas de relish gluante. Florence tourne tout de même de l'œil.

La Comtesse trempe le doigt dans la relish et goûte.

— Et bien ! elle m'en a passé une sucrée, celle-là.

☆

Les trois voyous sortent du restaurant pleins d'intentions vengeresses et ruminant des projets assassins.

— Viiiiiiite, les v'là !

Cette fois, mon père démarre dans le bon sens. Nous tournons le coin de rue sur deux roues. Mais les trois voyous ne font pas mine de nous suivre. Ils sont bouche bée devant le cadavre d'origine inconnue qui gît sur le capot de leur voiture.

Fait étonnant, le Tatoué fait preuve d'une présence d'esprit digne de son métier de voyou : il fouille les poches du mort, à la recherche d'un quelconque objet de valeur et trouve un porte-monnaie dans la poche intérieure du veston de Légaré.

Un tintamarre du tonnerre l'interrompt au milieu de sa besogne. La Comtesse et le Crâne Rasé se tournent du côté de la ruelle d'où rebondissent des poubelles métalliques qui viennent rouler jusque dans la rue principale. Pensant emprunter un raccourci, mon père a foncé dans un cul-de-sac et est rentré droit dans une montagne de poubelles et de sacs d'ordures.

Il fait marche arrière. Le coffre grand ouvert lui obstrue la vue, mais cela ne l'empêche pas de refaire en sens inverse le même chemin pour venir emboutir l'auto des voyous une seconde fois. Sous le choc, le corps de Légaré roule et le coffre ravale son passager sous les yeux infiniment écarquillés des trois voyous.

Papa ré-embraye une troisième fois. Il écrase l'accélérateur. Notre voiture dérape quelque peu, mais va droit devant cette fois-ci.

La Comtesse regarde disparaître mon père avec une moue pleine d'admiration.

— Impressionnant ! Vraiment, il m'étonne ce gardien de nuit.

— Pourquoi ? demande le Tatoué.

— Il connaît *Phèdre*.

— Aaaaah ! fait le Tatoué, comme si *Phèdre* lui disait quelque chose. La seconde suivante, il trahit son ignorance en demandant timidement : C'est qui ça ?

— De Racine, précise la Comtesse en arrachant des mains du Tatoué le porte-monnaie de Légaré. En plus, il balade un cadavre dans sa voiture. C'est pas banal !

— Phèdre de Racine ? C'est-tu une française, ça ? Continue le Tatoué de plus en plus confus.

La Comtesse lui rend le porte-monnaie en gardant pour elle les cartes de crédit, une carte d'affaires et un papier qu'elle examine avec beaucoup d'intérêt. Une sirène rugit au loin et semble se rapprocher. Crâne Rasé cesse enfin de pleurnicher devant les dommages que nous avons causés à leur auto. Il éclate maintenant de colère et de frustration.

— Sacre, as-tu vu c'qu'il a fait à notre char ? Ça va péter ! Ça va péter ! Ça va faire mal t'à l'heure !

— Du calme ! lance la Comtesse qui menace le Crâne Rasé d'une gifle de sa main armée de son coup-de-poing américain. Prends exemple sur le Monsieur qui vient de nous quitter ! Lui, c'est un professionnel ! Un vrai ! Pas une demi-portion !

Cette fois, le Tatoué comprend la pointe lancée à son confrère et éclate d'un rire à peine contenu. Le Crâne Rasé fait mine de lui sauter dessus avec l'idée de lui faire ravaler son ricanement, mais la Comtesse lui passe sous le nez la carte prise dans le porte-monnaie de Légaré en disant :

— Vengeons-nous, j'y consens. Mais notre intérêt exige que nous soyons ses ennemis et non ses assassins.

Chaque fois que la Comtesse déballe une de ses citations nébuleuses, c'est qu'elle fomente un plan. Oubliant leur querelle, le Crâne Rasé et le Tatoué concentrent toute leur attention sur la suite des propos de la Comtesse.

— Le macchabée qui nous a de si

élégante manière faussé compagnie, c'est le comptable de Pop-corn International. Et sur ce petit papier, il y a la combinaison d'un coffre-fort. Le gardien de nuit, il sait où est le coffre, j'en mettrais ma main au feu. Mais il a oublié la combinaison... Alors nous, qu'est-ce qu'on fait... ? Hein ?

Les deux compères réfléchissent, essayant d'imaginer à quoi veut en venir la Comtesse. Mais aucune idée ne leur vient. Peut-être sont-ils distraits par la sirène toute proche maintenant.

— C'est simple, enchaîne la Comtesse, agacée par l'incapacité de ses complices à saisir la logique de son moindre raisonnement. Nous, on retrouve le gardien pour qu'il nous indique, gentiment, où est le coffre. Puis on l'ouvre, on le vide, on disparaît. Un coup de téléphone à la police pour dénoncer le gardien de nuit. Ça occupera les bœufs, le temps que je... le temps qu'on disparaisse... Hé ! les mâles ! on gagne la loterie et on a même pas acheté de billet ! Pensez pas que je vous porte pas chance, hein ?

— Ah, oui, héhé hahahaha, ricane le Crâne Rasé réjoui du coup fumant en perspective.

— Quelle loterie ? demande la mine gênée le Tatoué qui n'a pas compris la moitié du plan de la Comtesse.

— Maudit qu'y est bête, dit le Crâne Rasé en faisant un clin d'œil à la Comtesse.

La bagarre est encore une fois sur le point d'éclater quand un camion d'incendie tourne le coin de la rue et passe devant eux. C'est le même camion que mon père a lancé à la recherche d'un incendie fantôme.

☆

Quatre autres yeux ahuris suivent le passage du camion d'incendie. Ce sont l'inspecteur Grasselli et son assistant, Paul, cachés sous une porte cochère dans leur auto patrouille banalisée. Ils ont la mine aussi sérieuse que des philosophes devant un pichet de bière importée. Le film des derniers événements défile dans leurs cerveaux d'où s'est absentée toute idée sur le sens à donner à pareille farandole. Paul ouvre la bouche le premier...

— C'est mêlant, dit-il avec un geste de la main exprimant son embarras... Euh.

Et puis ces trois-là, c'est vraiment pas clair ce qu'ils sont en train de faire. Hein, inspecteur ?

Grasselli prend du temps avant de répondre. Il est tout aussi embêté que Paul, mais il se forge une assurance d'officier supérieur et parle comme un politicien dans le secret de son cabinet.

— Fie-toi à mon flair, Paul, il y a un os dans cette affaire-là ! On va le trouver, et on va le gruger jusqu'à la moelle. Ils me joueront pas longtemps dans les pattes, j'te jure ! Vas-y ! On les lâche pas, ces deux-là.

# 3

*Parfois, la nuit apporte plus de mystères qu'elle ne porte conseil.*

Une voix synthétisée, douce et mielleuse, annonce l'heure et récite un étrange poème :

IL EST DEUX HEURES...
L'AMOUR LENTEMENT
DIVORCE DU VENT
ET FAIT DES VAGUES.

Ces mots résonnent dans l'interphone de tous les édifices de Pop-corn International. Tremblay, le portier, est à son poste dans le hall de l'entrée principale. Il titube devant les écrans de surveillance, s'intéressant au grand tableau de contrôle d'un système d'alarme d'avant-garde mais généralement en panne.

Un panneau de métal y est dévissé et repose sur le sol, près d'un chariot à roulettes couvert d'instruments électroniques. Du trou béant jaillit un amas de fils de toutes les couleurs animés d'un étrange mouvement : ils se distendent et se contractent, comme un poumon mécanique.

Mon père arrive, en provenance des studios. Il est surpris de trouver le système d'alarme éventré de la sorte :

— Qu'est-ce qui se passe ?

— Le système d'alarme s'est détraqué, comme d'habitude.

— C'est rien ! C'est rien ! Deux secondes et c'est réparé, crie une voix haut perchée venue de l'intérieur du tableau de bord.

Tremblay tire une bouteille de brandy cachée sous un meuble en expliquant à mon père :

— C'est M. Elkin, il est en train de réparer le système.

— C'est qui ça, Elkin ?

— Tu le connais pas ? C'est lui qui leur a installé toute cette quincaillerie d'ordinateur central.

— Tremblay, passez-moi donc les pinces vertes, réclame Elkin qui demeure invisible derrière les fils du système d'alarme.

Tremblay prend les pinces et les donne à Elkin en entrant la main à l'intérieur du tableau de contrôle. Mon père profite de ce temps pour examiner le registre des entrées et sorties. Le nom d'Elkin y est bien inscrit.

— Ça fait une heure qu'il est là, Elkin ? demande papa à Tremblay qui revient près de lui.

— Ouais. Il est arrivé tout de suite après le départ de la police. Prendrais-tu une petite goutte de Brandy, Marleau ?

— Non, merci !

— J'comprends pas que je les ai pas vus sortir, ces trois-là. Non, je comprends pas. J'comprends pas du tout.

Pendant que Tremblay radote, Marleau plie une page du registre et aligne les dernières signatures d'Ingerstein, Chavignac et Légaré avec celles de la veille. Les signatures sont identiques. En tout point identiques.

— C'est toi qui as trouvé Arnaud ?

— Non, non, j'ai pas bougé d'ici ! C'est le système d'alarme. Tout d'un coup, Arnaud était là, sur tous les écrans, en train de se faire étrangler par sa machine. J'ai « freaké » vrai, j'te dis ! Mais, j'ai pas perdu de temps, j'ai tout de suite averti la police.

Marleau n'écoute déjà plus le portier. Il lui donne une tape amicale sur l'épaule et retourne au studio. Tremblay le regarde s'éloigner, avale une bonne rasade de brandy, puis se penche vers le trou béant du tableau de contrôle.

— Est-ce que ça va, là-dedans ?

— Oui, j'ai terminé. C'est très sensible, ces appareils-là. Il doit y avoir un mauvais contact quelque part. Ça peut être provoqué par un clou, un papier métallique coincé dans une porte. Ça ne prend pas grand-chose, c'est très sensible ces appareils-là. Il faudra vérifier demain.

Elkin émerge du tableau de contrôle. Tremblay lui offre un verre de Brandy en se penchant bien bas, comme si Elkin était tout petit.

— Qu'est-ce qu'il voulait, votre collègue ? demande sournoisement Elkin.

— Rien. Il a regardé le registre.

Elkin hume le brandy. Il fait tourner l'alcool dans son verre. Mais hésite à boire.

— Vous allez me dire, Monsieur Elkin, l'horloge, où est-ce qu'elle apprend tous ces beaux poèmes-là ?

— C'est l'ordinateur qui les compose.

— Pas possible ! Pensez-vous qu'un jour, elles vont nous remplacer, toutes ces machines ?

— Certains d'entre nous, oui. Mais, il y en a qui sont irremplaçables.

— Aaaah ! ? ... Meeeerrde ! Ma bouteille est vide, se lamente Tremblay en voyant sa provision de brandy épuisée.

— Et si je vous offrais un bon cognac ? J'ai une bouteille de fine Napoléon tout à fait extraordinaire à mon atelier. Vous avez bien cinq petites minutes ?

— Bien, je ne devrais pas quitter mon poste. Bof, si c'est seulement pour cinq minutes !

☆

La Chevrolet de mon père est garée près de la sortie de secours du studio. De ce côté-là, rien ne bouge. Mais à l'autre bout du stationnement vide, trois points rouges s'allument en même temps derrière le pare-brise d'une grosse voiture cachée dans l'ombre.

— Eh ! ça me démange ! Quand est-ce qu'on frappe ? maugrée le Crâne Rasé.

— Ouais ? fait le Tatoué en tétant son mégot de cigarette.

— Périsse l'Univers, pourvu que je me venge ! annonce la Comtesse.

— Ouais, c'est en plein ça ! approuve le Tatoué en fronçant les sourcils.

Le Crâne Rasé s'étonne que le Tatoué semble avoir compris parce que lui n'a pas la moindre idée de ce que l'univers vient faire dans leur petite affaire.

— Maudit que tu parles compliqué la Comtesse ! se contente-t-il d'ajouter pour en finir.

Plus loin encore, l'inspecteur Grasselli jubile, caché entre deux conteneurs.

— J'le sens Paul, on est tombé sur un os avec encore pas mal de viande autour.

— On alerte l'escouade ?

— Nooooonn ! Il est à moi cet os là ! Le moins de monde possible, j'ai dit. C'est comme ça qu'on monte en grade, Paul.

Tout à coup, Grasselli et Paul se raidissent sur leurs sièges. Là-bas, la porte du studio s'ouvre tout doucement. Se croyant seul, c'est mon père qui va discrètement chercher Légaré dans le coffre arrière de son auto.

☆

Quant à moi, j'ai tenté de craquer l'ordinateur de Pop-corn International en utilisant le terminal encastré dans le mur du bureau de mon père. Cela n'a pas marché. Mon programme pour briser les codes secrets qui protègent l'accès aux mémoires d'un ordinateur a été intercepté et neutralisé.

Mon père va être déçu. J'aurais pas dû vendre la peau de cet ordinateur avant de l'avoir eue ! Quand même, je ne vais pas me laisser narguer par une machine. Pour me venger, j'ai tapé un autre programme de mon invention qui devrait se déclencher dans, à peu près, neuf heures cinquante-trois minutes. Il en prendra pour son rhume, à ce moment-là, ce têtu d'ordinateur, c'est garanti.

En attendant que papa vienne me rejoindre ici, comme c'est entendu, je fouine un peu partout dans son bureau. Une grande photo encadrée des propriétaires de Pop-corn International traîne dans un coin. Je reconnais tout de suite Légaré, qui n'a pas l'air plus gai vivant que mort. À bien y penser, cette photo me trouble : ce n'est pas normal qu'elle montre les quatre propriétaires séparés en groupe de deux avec un espace vide entre eux. Pourquoi est-ce que le photographe ne leur a pas dit : « Un peu plus serré, s'il vous plaît ! », comme cela se fait toujours ?

J'examine cet espace bizarre à la lumière de l'ampoule suspendue et je vois au bas de la photo, là où commence le cadre, quelque chose qui ressemble à des cheveux. Qu'est-ce que cela fait ici, me demandé-je ?

À ce moment précis, j'entends courir les notes ronflantes du trombone invisible. Je dresse l'oreille mais impossible de savoir d'où vient cette musique. J'ai l'impression qu'elle arrive de partout et se propage dans toutes les directions. À pas prudents, je sors du bureau de mon père et je longe le corridor suivant le son du trombone insaisissable. Il fait bien noir dans ce couloir et plus j'avance, plus il me semble que la musique se fait proche. J'ai la gorge bien sèche au moment de tourner le coin d'un mur.

Le trombone cesse de jouer subitement. Je m'arrête. Mon cœur galope tellement fort dans ma poitrine que ses battements m'échauffent les oreilles. Un autre son m'arrive à présent qui n'est pas moins inquiétant. Clac... tssssssss... Clac... tssssssss. Tout à fait le bruit qu'on imaginerait d'un bossu monstrueux traînant de la patte. J'ai vraiment peur. Je voudrais m'enfuir en courant, mais j'ai les jambes trop molles.

Soudain, un visage effrayant surgi au détour du couloir et vient se coller sur moi. Je crois que je n'ai jamais crié aussi fort. Les murs de Pop-corn International ont dû se lézarder.

Pourtant, ce n'est que mon père qui

arrive soutenant Légaré par-dessous l'épaule. En tournant le coin, il a projeté en avant la tête du comptable, juste sous mon nez.

— Crie pas comme ça ! J'ai manqué de faire une syncope ! gémit mon père.

— As-tu entendu, papa ?

Mon père tire sur le bras de Légaré qui glisse continuellement.

— Saprée pâte molle ! Vas-tu te décider à raidir !

— Shuuut ! Écoute...

Au loin, on entend à nouveau la mélodie du trombone. Mon père tend l'oreille, cherchant à savoir d'où vient cette musique. Il imprime du même coup un mouvement à Légaré qui donne l'impression d'écouter lui aussi.

— C'est l'air qui jouait quand on est sorti du studio. Tu te souviens ?

Nous écoutons attentivement, mais c'est trop loin maintenant et bientôt la mélodie s'évanouit tout à fait.

— Euh... Bon, aide-moi à le porter. Son bureau est de ce côté. On écoutera de la musique une autre fois, si ça ne te fait rien.

— Mais papa, le trombone était tout proche il n'y a pas deux minutes ! supplié-je, persuadée que ce joueur de trombone détient une des clés de l'énigme.

☆

On reconnaît tout de suite le bureau du comptable à cause du grand livre de comptes et des nombreuses calculatrices qui déroulent des bandes de papier de la table de travail jusqu'au tapis.

Légaré fait son entrée sur le dos de mon père. Après autant de mésaventures, j'espère qu'il se sent soulagé de revenir chez lui... mais j'en doute à voir son état lamentable.

Une fois devant la table de travail, on s'arrête, le temps de souffler. Légaré est mou comme une guenille et mon père a du mal à le soutenir. Je vais derrière la table de travail placer le fauteuil pour recevoir le comptable, lorsque je remarque les rubans de calcul.

— As-tu vu ? Légaré a un ordinateur pour faire ses comptes mais il se sert de six calculatrices ! Il se méfie de l'ordinateur, c'est certain !

Je me réjouis de la logique évidente de ma nouvelle déduction... et je me désespère de ne pouvoir faire de lien entre aucune d'entre elles !

Pendant que je réfléchis, une impression désagréable gagne mon père. Au début, il n'y attache pas d'importance. Après tout, c'est un peu normal quand on a un cadavre sur le dos de se sentir drôle. Pourtant, loin de se dissiper, l'impression désagréable se précise : c'est le sentiment d'avoir quelqu'un qui regarde pardessus son épaule.

Machinalement, papa se tourne : Légaré a relevé sa tête et regarde fixement mon père de ses yeux morts.

Papa est pris de panique. Il essaie de se défaire du cadavre miraculé qui l'encercle de l'étreinte molle de ses grands bras. Légaré tombe sur le tapis et entraîne mon père sur lui. Les voici visage contre visage, le premier roulant des yeux hagards ; le second, des yeux apeurés.

— Êtes-vous mort, monsieur Légaré ? demande mon père qui, en fait de questions idiotes, est imbattable.

Légaré remue les lèvres en une sorte

de rictus ondulant. On dirait qu'il essaie de parler.

Mon père et moi nous agenouillons dans la posture du musulman prosterné à l'heure de la prière et collons nos oreilles à la bouche du ressuscité. À travers un horrible gargouillis, Légaré parvient à murmurer :

— Aaaaaaaaa... ylisss... Aâlisss... Frôoddd... Aaarè... té elle qu'... ku'... l'qu'innne... Fô larrê't... Fô larrê't... Fô larrê't...

Légaré continue de remuer les lèvres, émettant des borborygmes intraduisibles. Nous pensons qu'il essaie de nous révéler le fin mot de l'énigme, alors nous sommes suspendus à ses râles.

Une fenêtre du bureau est ouverte et la brise agite les rideaux... Mais est-ce bien le vent ? Non, parce que voilà qu'ils s'écartent devant une main noire qui tient une seringue à la manière d'un lanceur de dards. Légaré l'aperçoit et fait un grand effort pour nous prévenir...

— Làààà... Làààà... iléla, iléla !

Nous nous retournons de ce côté juste à temps pour voir la main de l'assassin lancer la seringue. Mon père fait un mouvement nerveux pour se protéger. C'est inutile. La seringue ne le vise pas. Elle se pique dans la fesse de Légaré. Sous la force de l'impact, le piston s'enfonce et injecte le contenu de la seringue. Aussitôt, Légaré se tait et prend une mine de béatifié.

Nous courons nous adosser de part et d'autre de la fenêtre. Mon père s'arme d'un lourd trophée de bronze. D'un même geste, nous écartons les rideaux et papa s'avance, prêt à frapper quiconque se cache derrière. Mais c'est lui qui se frappe la tête contre la rampe d'un escalier de secours situé juste derrière la fenêtre. Je me penche à travers les barreaux de la rampe : je ne vois que des escaliers de secours zigzaguant le long du mur extérieur et des paliers courant d'une fenêtre à l'autre. L'assassin s'est évanoui dans la nuit.

Quand je rentre la tête, c'est pour voir mon père qui sautille en tenant la sienne à deux mains. Il doit s'être cogné fort parce qu'il lui pousse au milieu du front une bosse qui fait peur.

— Il n'était pas mort, dis-je, il était juste drogué. Si on l'avait su, cela nous aurait simplifié les choses !

— Il faut appeler un médecin ! Une ambulance !

— Ça va pas, papa ?

— Pas pour moi, pour lui !

— Ah, lui ! T'en fais pas, il a l'air très bien comme ça ! Euh… J'ai deux questions à te poser, papa.

De sous les bandes des calculatrices, j'extrais quelques feuilles portant l'en-tête Projet Robby.

— C'est quoi le Projet Robby ?

— Un film de science-fiction. Un genre de mélodrame sur les malheurs d'un robot traité en esclave par les humains.

— Tu te souviens de ce qui était gribouillé sur la porte du Studio ? Robby, Alice, avec un cœur autour ? C'est un indice… peut-être.

Mon père fait la moue, pas du tout convaincu que cet indice fasse progresser notre affaire de plus d'un iota. J'ai prévu son scepticisme, alors, je lève devant ses yeux une médaille suspendue à un ruban de soie rouge.

— Tu la reconnais, papa ?

— Ma médaille de Sauveteur ! Qu'est-ce qu'elle fait ici ?

— J'ai compris papa ! C'est pas du tout Légaré qui t'a téléphoné pour que tu viennes ici, cette nuit. C'est l'autre, celui à la seringue... Il voulait que tu laisses tes empreintes !

Papa jette sur le bureau le trophée qui soudain lui brûle les doigts. Ausstôt, il cherche quelque chose pour effacer ses empreintes. Une boîte de mouchoirs est posée sur la table, il en arrache une pleine poignée et frotte partout où il a mis les doigts et même ailleurs.

— Merde, merde, merde ! Les empreintes ! Je le savais ! J'aurais pas dû venir ici !

— En fait, l'assassin pensait que tu viendrais, que tu ouvrirais la porte, puis qu'en ne voyant pas Légaré, tu repartirais. Tes empreintes sur la poignée de la porte lui auraient suffi. En fin de compte, on lui en a donné beaucoup plus qu'il espérait.

Ce disant, je me souviens de « l'œil » dont sont munis les ordinateurs de la compagnie. J'étale alors ma gomme bien comme il faut sur celui du terminal du bureau de Légaré. On ne sait jamais !

Cela fait, j'aide mon père à effacer nos empreintes. Il arpente le bureau en agitant son plumeau de mouchoirs comme une femme de ménage en transe. Rien n'est oublié. De mon côté je frotte partout et j'essuie même un exemplaire de la photo des propriétaires de Pop-corn International. Une photo remarquable par le taux de mortalité anormalement élevé de ceux qui y figurent. J'allais à nouveau examiner le détail que j'avais remarqué près du cadre quand le trombone retentit de nouveau avec une langueur chagrine qui se répand dans la nuit comme un présage de mort.

— T'entends, papa ?

— Oui. J'entends.

— C'est lui, c'est certain ! Faut trouver d'où ça vient !

Je lève ma main droite devant mon visage, les doigts collés ensemble et le pouce écarté prenant appui sous mon nez.

— Fais comme moi. Dans *Le Fantôme de l'Opéra*, c'est comme cela qu'ils se protégeaient du lasso des étrangleurs hindous.

— Ah bon ? Et si on rencontre l'assassin, on lui fait une grimace ? se moque mon père, qui hésite à faire un geste aussi ridicule.

— Papa ! C'est toi-même qui as dit qu'Antoine Arnaud était mort étranglé ? !

Mon père se le rappelle. Il écarte immédiatement les doigts devant son nez. Je sors la première et, au moment de me suivre, une pensée lui traverse l'esprit. Papa tourne les yeux vers la seringue plantée dans le postérieur de Légaré. Réalisant que le danger peut aussi venir de derrière, il saisit un trophée en forme d'assiette et se le colle sur les fesses en guise de bouclier.

Sans mot dire, sans faire de bruit, nous parcourons les corridors, nous orientant au son du trombone. Ce n'est pas facile. Les sons de basses fréquences se propagent aisément sur des grandes distances, mais il est très difficile d'identifier leur point d'origine.

Alors nous allons et venons dans les corridors, souvent trompés par le trombone qui nous fait traverser studios, ateliers, décors, coulisses, laboratoire.

À chacun des terminaux d'ordinateur que nous croisons, je laisse une gomme bien étalée. Je n'en manque pas, j'en ai plein les poches, mais les mâchoires me font mal à force de me dépêcher de les ramollir.

Peu à peu, nous nous rapprochons du trombone. La musique devient plus présente, plus menaçante. Tout à coup, elle cesse de jouer aussi inexplicablement qu'elle avait commencé.

— Merde. On approchait !

— Chuuuut ! ...

Du menton, j'attire l'attention de mon père sur un couloir sombre. La porte d'un bureau y est entrebâillée. Une lumière allumée dans ce bureau projette dans le corridor une ombre allongée, déformée et nerveuse. C'est l'ombre d'un homme faisant claquer dans les airs une imposante paire de ciseaux. Sur quoi ce personnage s'acharne-t-il avec ces incessants coups de ciseaux, nous demandons-nous ? Et à quoi riment ses petits rires déments ?

☆

Dans un couloir semblable à tous les autres, les trois voyous avancent d'un pas décidé. Le Crâne Rasé et le Tatoué encadrent la Comtesse. Ils ouvrent chaque porte qu'ils rencontrent. La Comtesse jette un bref regard dans chaque pièce, et les trois vont ainsi de porte en porte, de couloir en couloir.

Une des portes laissées ouvertes après leur passage fait voir un placard où sont remisés divers accessoires de conciergerie. Au fond, deux manteaux paraissent accrochés au mur, côte à côte. Deux vadrouilles suspendues à des crochets font penser à une chevelure couvrant totalement un visage. La voix de Grasselli murmure de derrière les vadrouilles.

— Je renifle le règlement de compte, Paul. Ça trompe pas, ça ressemble à une odeur de vieille poussière.

— On les arrête pas ?

— Nôôôôônnnnnggrrr ! On laisse faisander. Ça donne du goût. On les cuisinera plus tard.

Le Crâne Rasé ouvre la porte du bureau d'Irène Ingerstein et y jette un rapide coup d'œil. Il va repartir quand un détail l'accroche : une jambe de femme, longue, mince et très blanche avec un chic soulier à talon aiguille se balançant au bout du pied, dépasse d'un fauteuil. De plus, sur l'accoudoir large et plat, repose une main aux doigts effilés et d'une pâleur extrême.

Le Crâne Rasé siffle discrètement pour appeler la Comtesse et le Tatoué qui rappliquent immédiatement. Tous les trois s'approchent sur la pointe des pieds et contournent le fauteuil. Stupéfaits, ils découvrent qu'un énorme coutelas recourbé traverse la poitrine de la pauvre Irène Ingerstein.

Le Crâne Rasé ne parle plus de casser la gueule à qui que ce soit. Le Tatoué semble tourmenté. Pour ces deux-là dorénavant, l'aventure de cette nuit s'ombrage d'un jour défavorable.

— Eh bien ! Quand il vous pose une question, le gardien de nuit, on a intérêt à connaître la réponse, déclare la

Comtesse, elle aussi intimidée.

Derrière les trois voyous, des rideaux légers dansent comme des spectres devant une fenêtre ouverte.

Venant des toits voisins, un air mélancolique et lugubre glace la nuit et la transforme peu à peu en cauchemar.

☆

Debout sur ses pattes arrière, un colossal ours polaire montre ses crocs. L'animal est figé dans une immobilité permanente : il est empaillé. Toute la décoration et l'ameublement du bureau est du même genre : partout des peaux d'animaux et diverses pièces de collection rapportées de partout dans le monde, en plus des trophées de cinéma provenant eux aussi de festivals exotiques. Au milieu d'un luxueux tapis oriental siège un imposant bureau « empereur ».

Fin seul dans l'immense bureau, un homme, portant un chic veston croisé, fait des gestes dans le vide comme s'il essayait d'attraper des mouches. Soudain, il se rend compte de notre présence et s'élance au-devant de nous. Il donne une vigoureuse poignée de main à mon père en lui adressant un sourire de reptile.

— Enchanté, cher monsieur, enchanté, vraiment enchanté. Je me présente : Claude Chavignac, producteur. Je vous attendais ! Vous venez pour les assurances, vous êtes les évaluateurs, n'est-ce pas ? dit-il, avec un accent et des manières de vieux films français.

— NooonouOuuiiiiiii, répond mon père qui change sa réponse quand je lui donne un coup de coude dans les côtes.

— Ennuyeux, cette affaire, très ennuyeux, continue Chavignac qui ne s'occupe pas plus de moi que si j'avais été une plante d'appartement. Ah, vous savez, le cinéma, monsieur ! Plein de problèmes obsédants, le cinéma. Des problèmes coûteux. Ruineux même...

Claude Chavignac éclate soudain en sanglots. Sans doute le résultat des pensées qui se bousculent dans son cerveau surmené. Pleurant à chaudes larmes, il poursuit en attirant mon père à l'écart :

— On venait à peine de se remettre à flot après les dépenses inimaginables d'un projet finalement avorté. Et maintenant, le laboratoire détruit le film qui allait nous relancer ! C'est la ruine ! Mais vous, monsieur, vous pouvez encore nous sauver.

— C'est le projet Robby le problème ? demandé-je, pour lui faire remarquer que j'existe et aussi parce que, pour une fois, je trouvais quelqu'un en mesure de me répondre.

— C'est l'avorté celui-là, s'écrie tout de suite Chavignac. On a voulu tout mener de front. Avec notre nouveau système informatique, c'était possible. Scénario, décor, financement. Pas de délai. Tout en même temps. Un temps record !

Emporté par ses élucubrations, Chavignac se met à danser sur le tapis de son bureau comme aux Folies Bergères. Mon père et moi le regardons sautiller en échangeant des regards déconcertés.

— Ça n'a pas marché ? demande mon père.

— Non... Ah ! non... répond Chavignac qui s'écroule à nouveau sous le poids de ses soucis.

— Et pourquoi ?

— Le programme a flanché. L'ordinateur a canalisé tout l'argent dans un seul secteur, pour la construction d'un seul élément du film. Tout y est passé. Dès le début, ce projet-là dépassait le budget de trois cent quarante pour cent. En plus, le scénario aussi était dépassé.

— Et qu'est-ce qui a été construit ? demandé-je à mon tour.

— Bof ! Ça n'a plus d'importance. C'est trop tard. Maintenant, mon nouveau film est rayé. Complètement rayé !

— Rayé ? Dans le sens de fini, *kaput* ?

— Rayé dans le sens de rayé ! C'est terrible, les rayures, les rayures partout de haut en bas, de bas en haut, qui tremblent comme ça !

De toute évidence, Chavignac chavire dans la dépression ou la folie.

— Quatre millions de beaux dollars verts transformés en rayures, vertes elles aussi. Rayé, rayé, rayé, rayé. Partout des rayures !... Des *scratchs*, comme ils disent au labo.

Chavignac tend la main et fait comme s'il attrapait dans les airs une rayure ondulante. Il l'étire jusque sous le nez de mon père. Chavignac donne deux coups de ciseaux au-dessus et en dessous de sa main, s'imaginant couper cette rayure, comme il le ferait d'un bout de ficelle.

— J'peux les couper, mais elles reviennent toujours. Toujours, vous comprenez ?

Complètement abattu, le producteur ruiné courbe le dos et fixe sa main d'un sourire figé. Mon père le prend doucement par les épaules et le fait s'asseoir dans un fauteuil. Nous reculons ensuite lentement, décidé à nous éclipser pendant qu'il se tient tranquille.

— Il se passe des choses réellement bizarres dans ta compagnie, papa. Mais je pense que je commence à compren...

Fracassant la fenêtre, une flèche vient se ficher dans le mur, juste au-dessus de la tête de Chavignac. Nous plongeons nous abriter sous le bureau. Chavignac tourne à peine les yeux vers la flèche, ne comprenant pas pourquoi cette « rayure »-là est horizontale. Une seconde flèche vient se ficher dans sa poitrine. Chavignac est surpris de ce qui lui arrive, mais son expression est exempte de douleur. Il a même l'air soulagé au moment où il glisse lentement sur le tapis.

— Méfiez-vous. Méfiez-vous, râle-t-il en tournant le visage vers nous.

— De qui ?

— Méfiez-vous... de... Alice ! Alice...

Chavignac vient de prononcer son dernier mot. De l'eau gicle d'un tuyau qu'a crevé la première flèche et coule sur la tête de Chavignac lui donnant l'air de continuer à sangloter même dans la mort. Tout cela me semble très irréel. Quelqu'un vient de mourir devant moi et cela me laisse froide. En fait, cela me glace à un point tel que je n'aurai pas terminé d'en faire des cauchemars avant longtemps.

N'ayant plus rien à y faire, nous quittons le bureau de Chavignac. Pour éviter que l'assassin nous vise à notre tour, nous sortons à quatre pattes. Et même à trois pattes, parce qu'on se colle tous les deux une main au visage selon les enseignements du Fantôme de l'Opéra. Tout de même nous prenons le temps d'effacer les empreintes que nous venons encore une fois de laisser sur le lieu d'un crime.

On n'a pas fait trois pas sur nos trois pattes dans le couloir que six jambes nous bloquent le chemin. C'est la Comtesse et ses comparses. Elle s'amuse de la posture ridicule de papa : trois pattes sur le plancher, un chou-fleur de mouchoirs dans une main collée sous son nez.

— On a un vilain rhume ? Ou on a perdu quelque chose ? Un papier peut-être ? Celui-là, par exemple ?

La Comtesse place sous les yeux de Marleau le papier pris du porte-monnaie de Légaré. Les chiffres qui y sont griffonnés et les intentions de la Comtesse sont pour mon père plus incompréhensible que du japonais. Sans lui laisser le temps d'y réfléchir, le Tatoué le soulève par le col de chemise. Le Crâne Rasé, lui, me transporte par la ceinture, comme une valise. Les coups de poing que je lui donne dans les côtes ne le font pas broncher.

Ils nous jettent sur une causeuse juste à l'entrée du bureau de Chavignac. Impatiente, la Comtesse exige :

— Bon, tu me dis tout de suite où il

est le coffre-fort ! On n'y passera pas la nuit, hein ?

— Quel coffre-fort ?

— On a trouvé une bonne femme tout à l'heure avec un couteau javanais entre les poumons, dit la Comtesse en désignant Irène Ingerstein sur la photo des proprios accrochée au mur, entre deux têtes de fauves empaillés.

— Quoi ? Bien là, ça complète le portrait !

— Tu t'es laissé aller, continue la Comtesse en s'approchant de papa comme une tigresse. C'est pas du travail propre ! Ça sent l'impatience... Nous aussi, on peut être méchants. Puis le coffre-fort du comptable, on a l'idée de le vider. Il faudrait pas nous contrarier ! On pourrait se fâcher ! Ce serait pas joli, surtout si je m'impatiente à mon tour.

Pendant que la Comtesse parle, le Crâne Rasé fait le tour de la pièce. Attiré par le filet d'eau s'écoulant du mur, il découvre le cadavre de Chavignac. Cette fois, c'en est trop, même pour son cœur d'apache.

— Hé ! Y en a un autre, là ! Bâtard,

eh, je m'en vais d'icitte, moué. C'est ben trop malade. Ça fait trois de pétés au fret !

— Quatre ! Y en a déjà un autre à la morgue, lui dis-je pour l'encourager, et on ne sait pas où ça va s'arrêter.

Sans demander leur reste, le Crâne Rasé et le Tatoué prennent la poudre d'escampette. La Comtesse n'essaie pas de les retenir. Elle leur décoche quelques reproches et insultes, mais se retient de trop insister.

— Couilles molles ! Disparaissez de ma vue ! Caves !

La Comtesse tend le cou pour s'assurer qu'ils disparaissent dans les couloirs. Elle revient ensuite vers nous. Je pensais m'être débarrassée des trois et cela m'embête de la voir revenir.

— Toi la Duchesse, à présent que tes matamores sont partis, viens plus nous écœurer ! Déguerpis ! lui crié-je, sans réussir à l'impressionner puisqu'elle me repousse sur la causeuse d'une seule main.

Elle est pas mal musclée, la Comtesse. Probablement du genre à lever des poids à longueur de journée.

— Le rapport de force entre nous s'est modifié, soit, dit-elle en tournant autour de nous, mais profitons plutôt de l'occasion pour civiliser nos relations : je vous donne la combinaison du coffre et on partage moitié-moitié !

— Il n'y a rien à partager ! Allez-vous me laisser tranquille à la fin ! J'ai assez d'ennuis, comme c'est là. La marmite bouillonne. J'ai le vase qui déborde. Je le dis pour la dernière fois : foutez-moi la paix ou bien... hurle mon père en se dressant devant elle, décidé à faire un homme de lui.

La Comtesse dégaine un tout petit revolver caché le long de sa cuisse et le relève entre les jambes de papa qui se calme instantanément en voyant ses bijoux de famille menacés. Il se laisse tomber sur le fauteuil les genoux relevés et les cuisses soudées ensemble.

— Je suis déçue. Il aurait été tellement plus agréable qu'on s'entende à l'amiable. On ne bouge pas !

Mon père est absolument paralysé de toute manière. La Comtesse fait le tour de la pièce en me surveillant du coin de l'œil. Elle ouvre un cabinet, soulève un cadre, jette par terre les livres de la bibliothèque, sonde les murs. Elle tâte le ventre de l'ours empaillé et décèle une porte qu'elle ouvre la mine réjouie.

Fausse alerte ! Le ventre de l'ours contient un minibar avec quelques bouteilles de cognac et une machine à fabriquer des glaçons. Certaine qu'un comptable doit cacher de l'argent quelque part et ignorant qu'elle n'est pas dans le bureau du comptable, la Comtesse continue sa fouille. Mon père s'est détendu et la regarde faire avec une expression de plus en plus moqueuse. Il attend le moment où elle s'apercevra qu'elle se trompe. Pourtant, lorsque la Comtesse soulève l'omniprésente photo des patrons, son visage s'illumine.

— Je le savais !

La Comtesse laisse tomber le cadre qui se brise sur le plancher. À notre grande surprise, il y a bien un coffre-fort encastré dans le mur. Mon père et moi nous rapprochons et regardons la Comtesse taper un code sur une serrure numérique :

— 0 X B 3 8 8 9 E. Voilà ! Et on appuie sur Entrée...

D'abord, il ne se passe rien. Sinon quelques voyants qui se mettent à clignoter. Puis, on entend un déclic et le coffre s'ouvre. Il est vide. Enfin, il ne contient qu'une vidéocassette que la Comtesse jette de côté pour fouiller au fond du coffre, n'arrivant pas à croire qu'il ne contient que cela. Moi, j'attrape au vol la cassette. Elle porte une étiquette :

C.A. du 08/09/90.

Sujet : Liquidation Projet Robby.

Je me précipite vers le magnétoscope que j'ai remarqué près d'un grand téléviseur.

La Comtesse range son mini pistolet dans un repli de son pantalon, le rendant invisible mais prêt à réapparaître au besoin, puis vient voir ce que nous trafiquons avec le magnétoscope. Je n'aime pas beaucoup la sentir dans mon dos, celle-là.

La vidéocassette donne une image de mauvaise qualité. Elle montre les quatre propriétaires de Pop-corn International réunis dans le bureau de Chavignac.

La scène est prise d'un angle qui correspond à la position du terminal d'ordinateur dans le mur près de l'entrée. Comme je lui ai déjà étalé une gomme dans « l'œil » pendant que Chavignac divaguait, je ne m'en inquiète pas.

Chavignac, Légaré et Arnaud s'efforcent de convaincre Ingerstein de s'allier à eux pour « mettre en minorité » quelqu'un qu'ils ne nomment pas. Ingerstein hésite encore.

— J'ai l'impression qu'il se doute de quelque chose. Ce fut très difficile de le décider à partir pour Cannes, dit Chavignac en caressant ses fauves empaillés.

— On ne lui laissera pas le temps de s'apercevoir de rien. Demain, je fais acheter toutes les actions flottantes. Au prochain conseil on fait bloc contre lui. D'accord ?

— Et puis, on n'aura pas besoin de vendre à perte : une faillite bien organisée, c'est bien plus payant.

À part le fait qu'ils complotaient contre un absent, il n'y a pas grand-chose a retenir de cette cassette. Mais, tout à coup, je m'aperçois que la photo des proprios accrochée au mur est différente des autres : celle-là montre cinq personnages. Le cinquième étant assis entre les quatre premiers.

— Regarde. C'est de celui-là qu'ils parlent, m'écriai-je en gelant l'image.

Aussitôt, je cours ramasser le cadre cassé par la Comtesse. Je soulève bien haut la photo cartonnée pour que mon père et la Comtesse voient bien ce que je veux leur montrer. Tout en bas, on distingue aisément les cheveux et le front d'un cinquième personnage que recouvrait auparavant le cadre. Papa se réjouit de ce premier indice concret et c'est au tour de la Comtesse de n'y rien comprendre. Si j'arrive à découvrir pourquoi toutes les photos des propriétaires de la compagnie ont été recadrées pour effacer le cinquième homme, mon père n'aura plus rien à craindre de l'inspecteur Grasselli.

Il ne sert à rien de continuer à examiner la photo et je la laisse glisser sur le plancher. Là où nos yeux contemplaient l'image d'Ingerstein, Chavignac, Légaré et Arnaud, se trouvent maintenant

Grasselli, Paul, le Crâne Rasé et le Tatoué, tout aussi immobiles que sur la photo. Sur le moment, j'ai l'impression d'halluciner : ce policier-là n'est quand même pas une bonne fée à laquelle il suffit de penser pour qu'elle apparaisse !

— Bouge pas, Marleau, ou j'te plombe les gigots !

Le cri de l'inspecteur me confirme qu'il est temps que je réagisse. Pliée en deux, je cours à la fenêtre en m'abritant derrière les meubles et je disparais par l'escalier de secours. Paul veut me rattraper, abandonnant sur place le Crâne Rasé et le Tatoué déjà solidement menottés, mais l'inspecteur l'arrête.

— Laisse, Paul ! Paul ! Ici ! Ici, Paul ! Ça concerne le tribunal de la jeunesse, ça. Le huis clos, les avis de non-publication, ça vaut rien pour les promotions ! Mais toi, Marleau, j'pense que t'as des choses à m'expliquer. J'aimerais pas rentrer au poste sans savoir c'était quoi... tes motifs !

Ce dernier revirement fait perdre les pédales à mon père. Avec la mine d'un condamné suppliant la clémence de son juge, il se précipite vers Grasselli pour lui fournir dans le désordre toutes les explications qu'il peut.

— C'est pas moi. C'est l'autre. Le cinquième homme. Ou Alice. Les morts ont dit de se méfier d'elle. C'est ça ! Ils sont deux, le cinquième de la photo, et Alice ! Faut les arrêter ! Ce sont eux, les meurtriers !

La mine suspicieuse, Grasselli l'écoute un instant avant de lui pointer son colt sous le nez.

— Okay ! Assis, le *smatte*. Calme-toi. On a vu les seringues là-bas. J'espère que t'es pas drogué comme l'autre.

Découragé, déprimé, désespéré, mon père se laisse tomber sur un fauteuil, la tête entre les mains. Grasselli range son pistolet. Paul a fait le tour de la pièce et a découvert Chavignac. Il en informe aussitôt son chef.

— J'te l'avais dit, Paul, c'est le meilleur coup de ma carrière, déclare l'inspecteur pour qui pareil coup de filet tient du miracle.

Grasselli s'intéresse ensuite à la Comtesse. Le voyant approcher, celle-ci met sournoisement ses mains dans son dos et prend appui sur le dessus d'un meuble qui lui arrive aux hanches. Les deux policiers, persuadés d'avoir la situation bien en main, se campent côte à côte devant elle, les jambes écartées dans une attitude dominatrice.

— Et toi ? Complice ?

— Non. Comtesse.

— Oooh ! Puis tu fais quoi dans cette histoire ?

— Moi, je pense, je médite… Même qu'en ce moment j'ai un vieux fantasme qui me revient. Je pense à me faire un doublet de couilles de flics.

Grasselli et Paul froncent les sourcils. Que veut-elle dire ? Ils n'ont pas longtemps à s'interroger que vient la démonstration. Le meuble derrière elle lui servant d'appui, la Comtesse se soulève et lance ses pieds chacun dans l'entrejambe des policiers. Les bottillons cloutés de la Comtesse atteignent leur but de plein fouet. Les policiers plient les genoux et tombent, le souffle coupé, incapables même de crier.

La Comtesse attrape mon père par

la manche. Ils sortent sans perdre de temps, ni se presser outre mesure. Ils seront loin avant que Grasselli et Paul se remettent d'un pareil coup bas.

Le Crâne Rasé et le Tatoué profitent eux aussi de l'occasion pour prendre congé. Dans leur cas, le départ est plus laborieux. Menottés dos à dos, il faut soit que l'un recule pendant que l'autre avance, ou soit qu'ils sautillent de côté en coordonnant leurs pas. À moins d'avoir le synchronisme d'un crabe, cette gymnastique n'est pas évidente.

☆

La Comtesse et papa marchent côte à côte dans le couloir. Derrière eux, le Crâne Rasé et le Tatoué pirouettent et valsent maladroitement.

— Comme ça, t'es pas le dur à cuire que je croyais ? dit la Comtesse à mon père. Remarque, on s'en fout. Déjà que tu connais *Phèdre*.

— On devrait peut-être se dépêcher. Ils vont finir par s'en remettre du coup qu'ils ont eu dans les...

— On a le temps, l'interrompt la Comtesse.

— Il faut que je retrouve Josée. Je ne sais pas où elle est partie.

— Laisse-la. C'est une grande fille, elle peut prendre soin d'elle-même. Parlons plutôt de nous deux.

— De nous deux ?

— Parlons bijoux de famille ! C'est toi, ça, Augustin Marleau. Je l'ai trouvée sur la morte au couteau.

La Comtesse sort de sa veste une chaînette en or au bout de laquelle est accroché un pendentif en forme de cœur. Mon père reconnaît la chaîne qu'il avait donnée à ma mère à l'époque où ils s'étaient connus.

— Ma chaîne à présent !

— De Marleau à sa Juliette. Plus qu'hier, moins que...

— Je le sais, c'est quétaine, mais on était jeunes !

La comtesse se fait un visage moqueur, mais ses yeux trahissent que pareil fond de romantisme est loin de lui déplaire. Mon père s'aperçoit avec gêne du sentiment ambigu de la Comtesse. Ils s'arrêtent tous les deux au milieu du couloir, comme si cet échange de regards leur enlevait le réflexe de la marche à pied. Ils se regardent longuement dans les yeux sans rien dire. Leurs visages se rapprochent jusqu'à se toucher... Quand un aboiement colérique les fait sursauter.

— Les v'là. Arrêtez ou je tire... au nom de la loi !

L'inspecteur Grasselli et Paul ont suffisamment récupéré pour venir, non pas chercher vengeance, mais justice. Ce qui, de la part d'un policier, est bien pire encore. Dégainant leurs armes, les policiers s'élancent clopin-clopant et grimaçant à chaque pas.

— Et ceux-là ? gémit Paul en désignant le Crâne Rasé et le Tatoué.

— Ils n'iront pas loin arrangés comme ça ! Aaayooyoille ! Ouille !

C'est vrai que ces deux-là n'ont pas encore compris le secret de la démarche du crabe. En essayant de se presser, ils n'ont réussi qu'à emboutir un mur et se retrouvent maintenant les quatre fers en l'air.

Mon père et la Comtesse sont à mi-chemin dans les escaliers qui descendent aux sous-sols. Ils entendent les pas des policiers sur le palier, deux étages au-dessus d'eux. Mon père regarde en haut, juste à temps pour apercevoir Grasselli qui braque son revolver. Le coup part. La balle ricoche sur la rampe d'escalier sans toucher personne. L'inspecteur est un policier de la vieille école : il tire seulement pour faire peur.

Il entreprend ensuite de descendre lui aussi les escaliers à son tour. Cela fait encore plus mal que le déplacement horizontal et l'inspecteur, après trois marches, s'arrête, incapable d'aller plus loin.

Paul a une meilleure idée : il s'assoit de côté sur la rampe d'escalier et se laisse glisser, mais cela se gâte pour lui en arrivant au bout de la rampe : il doit sauter sur le palier. Dès que ses talons touchent le ciment, Paul expérimente le contrecoup d'une loi de physique appelée force d'inertie. Il a l'impression de se « les » faire arracher. Les pieds à plat, jambes écartées, genoux pliés, bras décollés du corps, le pauvre policier est figé sur place par la douleur. Son visage prend une expression à faire pleurer d'apitoiement un criminel endurci.

Au bas de l'escalier, mon père et la Comtesse sont arrêtés par une porte métallique. Heureusement, mon père en a la clé. Il n'est pas gardien de nuit pour rien ! Mais il est trop nerveux et il perd beaucoup de temps à chercher la bonne clé dans son gros trousseau. Finalement, il ouvre la porte à l'instant où Grasselli vise une seconde fois. À nouveau, il les manque.

— J'vous veux vivants, mes salauds. Vivants, mais troués ! crie le policier, fou de rage.

La porte métallique cache une chaufferie immense projetant une tuyauterie énorme, inextricablement emmêlée. Mon père et la Comtesse s'engagent dans un autre escalier, en fer celui-là, et s'enfoncent dans le labyrinthe de la chaufferie.

Derrière eux, Grasselli et Paul commencent à récupérer et avancent plus vite. Ils se rapprochent même dangereusement. Papa zigzague entre les fournaises et leurs tuyaux, avec sur ses talons la Comtesse qui s'imagine qu'il sait où il va.

Les pas des policiers claquent, métalliques et terrifiants, multipliés par l'écho. Les pourchassés, ne sachant plus où aller, se calent entre les immenses chaudières. Des ombres déformées passent, courant sur les murs, disparaissant entre le fouillis de tuyaux. La voix tonitruante de Grasselli résonne à travers le bruit infernal que font les brûleurs des chaudières.

La Comtesse finit par apercevoir à ses pieds un grillage masquant l'accès d'un puits. Une échelle s'y enfonce.

— Ici. Vite. Aide-moi.

Les policiers sont tout près et risquent de surgir à tout instant. La grille enlevée, c'est dans un puits encombré lui aussi d'énormes tuyaux que mon père et la Comtesse s'engouffrent. Ils referment la grille juste à temps. Grasselli et Paul sont sur leurs têtes, martelant le grillage à quelques pouces de leurs visages. Les policiers piétinent quelques instants, puis repartent sans les avoir repérés.

Mon père et la Comtesse descendent une échelle interminable qui les mène vers des profondeurs insoupçonnées. La chaleur qui règne dans le puits devient vite insupportable. Ils sont en sueur quand ils arrivent au fond.

Là s'ouvre devant eux une perspective sans fin de tunnels sombres, tous tapissés de tuyaux fumants. N'ayant d'autre choix, mon père et la Comtesse s'avancent, choisissant un couloir au hasard.

À mesure qu'ils progressent, les vapeurs s'accumulent, alourdissant l'atmosphère, réduisant la visibilité à tout juste une longueur de bras.

Les visages dégoulinant de sueur et les vêtements détrempés, papa et la Comtesse se butent à un mur. Tâtonnant le mur en aveugle, la Comtesse touche le vide tout à coup. C'est une ouverture dissimulée par le rideau de vapeur qui s'échappe d'un tuyau fendu de haut en bas. Au premier pas qu'elle fait dans cette direction, sa cheville coupe un rayon infrarouge qui déclenche un mécanisme automatique.

Des valves se ferment toutes seules. En quelques secondes, comme par enchantement, les vapeurs disparaissent avec un bruit de succion répercuté par l'écho des couloirs.

En fait cette barrière de vapeur n'est pas l'effet du hasard : elle dissimule le repaire de l'assassin au trombone.

# 4

*On se sent toujours mal*
*dans son assiette quand on tombe*
*dans la gueule du loup.*

Surchargé d'équipement électronique, d'oscilloscopes, de moniteurs, c'est un véritable laboratoire secret qui est là, caché profondément sous le studio principal de Pop-corn International.

À quoi pouvait servir autrefois cette grande pièce rectangulaire, aux murs de béton plus haut que ceux d'une église ? Était-ce une chaufferie aujourd'hui désaffectée ? Ou une ancienne salle de machinerie d'effets spéciaux ? Impossible de le savoir mais je parie qu'elle ne figure plus sur aucun plan des bâtiments de la compagnie puisque l'endroit semble oublié depuis des années : les murs suintent, la structure de métal soutenant le plafond est entièrement rouillée.

Cette salle inaccessible est devenue à présent l'antre d'une étrange cage de verre diffusant une lumière verdâtre qui palpite à un rythme lent. De nombreux écrans cathodiques et un clavier sont disposés autour de cette cage, hermétiquement scellée semble-t-il. À son sommet, une multitude de câbles électriques fuient dans toutes les directions et disparaissent dans les murs et le plafond.

Je suis convaincue que la cage de verre renferme l'ordinateur central de Pop-corn International. J'ai eu tout le loisir d'y réfléchir, depuis le temps que je suis ici, bâillonnée, momifiée par des mètres de ruban adhésif qui me lient à une colonne de fer.

Aussitôt que papa me voit, il s'empresse de venir me détacher, mais il oublie de commencer par le plus simple : m'enlever mon bâillon.

— Ça va, Josée ? T'as rien ? Ça va ?

En attendant de pouvoir lui répondre, je fixe mon attention sur la Comtesse. J'ignore pourquoi elle a suivi mon père, celle-là, et je préfère me méfier de ses agissements.

Je la vois qui examine un long étui ouvert et vide posé sur une table, près d'une rangée de casiers métalliques. L'intérieur est tapissé de velours bleu nuit qui moule la forme d'un instrument de musique. La forme d'un trombone.

Un bruit suspect l'alerte. Cela vient d'un casier rouillé contre le mur près de l'entrée. La Comtesse s'approche du casier sur la pointe des pieds et regarde discrètement à l'intérieur par les fentes d'aération. Juste dans les bandes de lumière passant entre les fentes, deux yeux exorbités la fixent avec une expression inquiétante.

Immédiatement, la Comtesse pivote et s'adosse à la droite du casier. Elle fait ensuite de grands gestes pour attirer l'attention de mon père. Sans trop comprendre ce qu'elle lui veut, papa obéit. Il me laisse en plan, toujours bâillonnée et encarcanée de ruban adhésif, et va s'adosser à la gauche du casier.

La Comtesse lève une barre de fer qui traîne près d'elle et la donne à mon père. Toujours par gestes, elle lui fait comprendre de se préparer, parce qu'elle va ouvrir la case. Papa brandit la barre avec l'air de quelqu'un qui s'attend à voir sortir le monstre du Loch Ness du casier rouillé. La Comtesse dégaine son fume-cigarette-coup-de-poing américain qu'elle garde piqué dans ses cheveux en guise de broche.

La Comtesse se concentre. Mon père prend une grande respiration et... d'un coup, la comtesse ouvre le casier. Un être au visage horrible, aux yeux injectés de sang, jaillit aussitôt de l'ombre et tombe sur les épaules de mon père qui hurle de frayeur, échappe son arme, plie les genoux et saisit à bras-le-corps son assaillant.

La bagarre ne dure pas longtemps. L'assaillant de papa est aussi inoffensif qu'un saucisson : il est complètement ficelé par une corde assez grosse pour remonter le *Titanic* du fond de l'océan.

Si seulement papa avait commencé par m'enlever mon bâillon, je lui aurais dit que Tremblay, le portier au visage louche, était enfermé là-dedans. Cela fait je ne sais combien de fois qu'il essaie de sortir du casier pour se voir aussi vite ramené par la force des cordes élastiques qui le retiennent au crochet du fond.

— Aaaaaaaahhh!... Tremblay? dit mon père en reprenant ses esprits.

— Rhumpft, Rhââumpft! répond Tremblay lui aussi bâillonné et oscillant au bout de ses élastiques comme un bouffon sorti d'une boîte à surprise.

— Ça va? Oui? Non? Écoute, je finis de détacher ma fille et je reviens m'occuper de toi. D'accord?

Enfin! il daigne se rappeler de moi! Évidemment, Tremblay n'est pas du tout heureux que mon père le laisse choir et il rage en faisant des «Râârhumpf humpf» que je préfère ne pas traduire.

— Comment t'es arrivée ici? questionne papa en m'enlevant mon bâillon.

Je lui explique que quelqu'un m'a attrapée dans les escaliers de secours. Il m'a jeté une couverture sur la tête. Je n'ai eu le temps de rien voir.

Évidemment, je me suis débattue. Je

lui ai décoché un coup de coude sur le nez, comme celui qui m'a rendue célèbre à la polyvalente quand cet idiot de Jules Laflamme a voulu m'attraper par derrière. Je savais pas, moi, que ce n'était que lui. Alors, je lui ai flanqué un de ces coups de coude qui lui a brisé le nez aussi sec. J'étais pas mal gênée de lui avoir fait mal, surtout que c'est lui qui n'arrêtait pas de s'excuser.

Mais dans l'escalier de secours, je n'ai pas eu de chance parce que c'est moi qui me suis amochée le coude. J'ai dû frapper un montant de l'escalier de fer. Je suppose. Je pensais pourtant avoir visé juste.

— J'ai jamais vu quelqu'un d'aussi fort. Il m'a portée comme si je pesais rien. Il ne faisait aucun bruit non plus... Je te dis, plus silencieux que lui, ça existe pas. Je l'entendais même pas respirer. Hé ! Attention avec ton couteau, la Duchesse.

J'ai sursauté en voyant jaillir la lame de son couteau à cran d'arrêt. Elle voulait seulement couper mes rubans adhésifs, mais je me méfie toujours d'elle. Avec toutes les armes qu'elle cache dans ses vêtements, elle ne m'inspire pas confiance du tout.

— Rhumpft, Rhââumpft ! se met à grommeler de plus belle Tremblay.

Il s'agite avec des yeux apeurés et essaie de nous avertir qu'il entend jouer du trombone dans le labyrinthe de couloirs qui mènent au laboratoire. À notre tour nous l'entendons. L'écho répercute les sinistres notes sur le béton leur donnant une couleur trop funèbre pour mon goût.

— Yeurrggh ! Humhun ! grogne Tremblay en donnant des coups de tête dans la direction d'où vient le son.

— Vite ! C'est lui ! Cachez-vous ! Cachez-vous !

Il n'y a plus de temps à perdre. Il ne reste même plus le temps de finir de me détacher. La Comtesse n'a pas la moindre idée de ce qui se passe, mais elle réagit vite : elle court repousser Tremblay dans sa case et la referme sur lui.

Je reprends ma position de prisonnière. Mon père recolle tant bien que mal les rubans déjà décollés et chiffonnés, puis va se réfugier derrière une étagère couverte d'équipement électronique. La Comtesse se dépêche de le rejoindre mais, en passant, elle met dans ma main son couteau à cran d'arrêt. C'est le premier geste d'elle que j'apprécie. Au moins, avec ce couteau, j'ai un peu l'impression de pouvoir me défendre. Je le cache, moitié dans ma manche, moitié dans ma main.

Puis nous faisons silence et nous attendons qu'arrivent des pas très doux, très délicats. De vrais pas de loup. L'assassin au trombone reste invisible encore un temps. Peu à peu, ses pieds entrent dans la lumière. Viennent ensuite les jambes puis le trombone qu'il tient le long de son corps.

Et, finalement, pour la première fois devant nous, l'assassin déploie en pleine clarté sa vilaine splendeur. Fantômas dirait-on, à cause de ce justaucorps sombre l'enveloppant des pieds à la tête, sans aucune ouverture pour la bouche ou les yeux. Le fil brillant incorporé au tissu donne des reflets métalliques faisant penser à une très fine cotte de mailles. Somme toute, une allure inoffensive malgré le mystère... et ce qu'on sait de lui.

L'assassin hésite une seconde, la tête tournée vers moi. Il ne semble pas se rendre compte que mes liens sont à moitié défaits.

Il avance maintenant vers la cage de verre. Bizarrement, l'assassin y appuie sa tête, la touche du bout des doigts, tout à fait comme pour une caresse. Un moniteur s'illumine dans la cage. Y apparaissent des formes abstraites mouvantes et changeantes qui s'animent sur le tempo d'une mélodie lente et douce. Qu'un ordinateur réponde à la caresse d'un assassin par une musique apaisante et pleine de tendresse fait naître en moi une sympathie insolite.

Ensuite, l'assassin range son trombone dans l'étui. À bien y regarder, sa démarche est devenue capricieuse. Ses mouvements sont ralentis et saccadés. Il a des gestes maladroits, imprécis. Son dos s'est voûté, sa tête penche sur le côté.

L'assassin fait comme cela quelques pas difficiles vers un siège truffé de fils, de transistors, de puces et divers appareils de mesure. Tout de raideur, comme une machine qu'on débranche, il se laisse tomber lourdement sur ce siège.

À ce moment, l'assassin ressemble à quelqu'un frappé d'une grande peine. Je crois même l'entendre soupirer ou sangloter derrière sa cagoule. Est-ce qu'il regrette ses crimes ? Je ne le pense pas. J'imagine plutôt que cet assassin qui aime la musique est une nature romantique, qu'il est victime d'une tragédie qui lui ronge l'âme.

Soudain, le voici qui se redresse sur sa chaise et porte les deux mains à sa poitrine. Il appuie fortement le bout des doigts sur son cœur et ses doigts s'enfoncent dans sa poitrine. Il tire, écartant sa poitrine, qui s'ouvre, qui se déchire avec une bruit de bande velcro qu'on détache.

Cela s'est fait sans douleur. Sans une goutte de sang, parce qu'il n'y a ni chair ni cœur dans cette poitrine. Il n'y a rien que des fils emmêlés, des articulations en acier, des moteurs électriques, des engrenages. L'assassin est un personnage véritablement inhumain : c'est un robot.

De sa poitrine ouverte, il sort deux câbles et les branche sur des prises électriques dans les accoudoirs. Une série de voyants s'allument, indiquant que l'assassin recharge ses batteries. En même temps, l'ordinateur éteint ses écrans et se met lui aussi au repos.

Cet épisode fut saisissant, vous pouvez me croire. Maintenant que plus rien ne se passe, je profite que l'assassin est « endormi » pour achever de me détacher en me servant du couteau de la Comtesse. Je n'attends même pas d'avoir fini pour sautiller vers une photo murale grandeur nature montrant cette fois-ci les propriétaires de Pop-corn International grandeur nature. J'enlève un panneau qui masque le centre de la photo...

— Regarde, papa... Le voilà, le cinquième homme.

Entre les quatre assassinés, debouts et souriants du dernier sourire qu'on leur verra, un cinquième personnage est assis sur un fauteuil roulant à propulsion électrique. C'est un petit homme maigrelet qui a des yeux d'illuminés et les cheveux d'un Beethoven qui aurait mal tourné. Il ne sourit pas. Les mains croisées sur ses genoux atrophiés, il se contente d'avoir un air de supériorité inquiétant.

Mon père et la Comtesse s'approchent pour mieux examiner cette photo. Tout à coup, la bouche du cinquième homme s'ouvre et un rire diabolique à faire frémir s'en échappe. C'est un mécanisme dissimulé qui actionne le menton découpé sur la photo.

Maintenant, c'est la photo murale entière qui monte le long de rails verticaux cachés le long du mur. Apparaît en chair et en os le cinquième homme qui ricane à s'en arracher les poumons. Il fonce vers nous avec sa chaise roulante motorisée, nous obligeant à reculer jusqu'au mur du fond.

D'un geste vif, la Comtesse brandit son revolver sur lui. Son rire cesse alors, comme tranché d'un coup de rasoir.

— Restez calme, ma chère dame. Je ne suis pas armé. Je me présente : Édouard Elkin.

Elkin continue de zigzaguer rapidement, allant de l'assassin à l'ordinateur qu'il présente civilement comme si c'étaient des personnes :

— Voilà Robby, dit-il en désignant

le robot assassin, et voici Alice ! Eh oui, Alice ! Allez, présente-toi, chérie, dis un mot à nos invités.

Immédiatement une voix jaillit des haut-parleurs accrochés aux quatre coins du laboratoire. Une voix synthétique, faussement aimable récite un boniment ahurissant :

— Je suis Alice. Je suis le premier ordinateur doué d'intelligence. Je contrôle les opérations de Pop-corn International. Je mets fin à la méthode d'essais et erreurs et aux égarements des créateurs. Je prends des décisions « créatives ». Avec moi, le cinéma est une entreprise aussi sûre que la construction automobile.

Elkin est pris d'un accès de rire dément. Il jubile, enflammé par le discours de la fameuse Alice.

— Vous en avez beaucoup appris cette nuit ! Voulez-vous savoir le reste ?

Mon père ouvre de grands yeux. La Comtesse tend l'oreille. Pour ma part, j'ai déjà deviné ce que va dire Elkin. Je fais semblant d'écouter son verbiage, mais je cherche à m'approcher du clavier d'Alice. Ce qui n'est pas facile parce qu'Elkin nous tourne autour sans arrêt, nous examinant sous tous les côtés de sa mine peu rassurante.

— D'abord, Alice est mon œuvre, raconte Elkin. Je l'ai créée. Je lui ai donné le don de la pensée, je lui ai donné vie. Une vie essentiellement intellectuelle, évidemment. Mais, je n'avais pas prévu une chose incroyable et merveilleuse. Alice est tombée amoureuse ! Amoureuse d'un personnage inventé par elle-même pour les besoins d'un scénario : Robby. Alice l'a construit à son image, selon ses aspirations, ses désirs profonds... pour rompre sa solitude ! Entre eux, ce fut tout de suite l'amour fou, total. Pour la première fois Alice pouvait communiquer avec un être fait à son image.

Elkin fait une pause. Il vient se coller sur moi et, me regardant droit dans les yeux, ajoute :

— Alice et Robby sont des âmes pures, ils ne connaissent pas le mal. Ils ont bien vu que le complot de mes « associés » menaçait leur bonheur. Alors, Alice a fait une soustraction. Robby l'a pratiquée.

Elkin se tourne ensuite vers la Comtesse passant près de lui écraser les pieds avec sa chaise.

— Au fond, sans l'intelligence, la capacité de raisonner, on n'aurait pas inventé l'assassinat, non ? Le meurtre prémédité est l'aboutissement d'un long processus d'évolution.

Édouard Elkin va chercher un parchemin roulé et déposé sur le clavier d'Alice. Cela me donne enfin l'occasion d'examiner ce clavier d'un peu plus près. À première vue, il est comme tous ceux que j'ai déjà vu. Revenant vers mon père, Elkin lui présente le parchemin et une plume en disant :

— Ne craignez rien ! Ce n'est pas de l'assurance vie ! Ah ! Ah ! Ah ! Ah ! Ce sont des aveux. Vous avouez avoir commis les meurtres. Tous les meurtres.

Immédiatement, papa déroule le parchemin avec beaucoup d'appréhension :

— « Moi , Augustin Marleau, désire faire savoir à tous que je me suis finalement vengé de tous les filous, les pisse-vinaigre, les incompétents, les crapules et les salauds de tout acabit qui ont toujours nié mon talent. »

Mon père s'arrête un moment de lire, il a trop de papillons dans l'estomac. Il lève les yeux vers Elkin qui respire calmement l'odeur d'une rose qu'il porte à la boutonnière. Je le laisse se régaler de sa cynique mise en scène et, alors qu'il a le dos tourné, je commence tout doucement à taper sur le clavier d'Alice. Mon père continue de lire, la voix presque éteinte.

— « Cette comédie a assez duré. Trop longtemps j'ai supporté qu'on m'humilie, qu'on foule au pied toutes mes aspirations. Vous paierez pour les autres. »

Voilà ! Je viens de retrouver dans les mémoires d'Alice le programme que j'ai transcrit en attendant mon père dans son bureau. Elkin ne s'est encore aperçu de rien. S'il peut seulement continuer de regarder ailleurs pour quelques secondes encore !

Au dernier paragraphe des « aveux », mon père trébuche sur un mot et fait remarquer :

— Il y a une faute ici.

— Oui ! Cela fait plus vrai, réplique Elkin, un peu vexé.

— « Inutile de chercher mon corps. Personne ne me reverra plus jamais... »

Ça y est. J'ai terminé. Le résultat ne se fait pas attendre. Exactement comme pour l'ordinateur de la polyvalente quand nous avons décidé de lui régler son compte. Alice émet un bref sifflement suivi d'une giclée de « neige » qui brouille entièrement ses écrans. Cela se continue avec des éternuements en série.

— Alerte ! Alerte ! Virus ! Un virus de nature inconnue a pénétré mes défenses. Je me sens envahie par des entités, par des entités, qui se multiplient, qui me montent au cerveau.

Je contourne Elkin, qui se précipite au secours de sa créature, en criant à tue-tête :

— Je l'ai eu ! Ça a marché !

— Qu'est-ce qui a marché ? demande papa, l'air de présumer que je viens de déclencher une autre catastrophe dont il sera la victime. Évidemment, je lui raconte que j'ai débranché des fils derrière Alice, parce qu'il vaut mieux pour moi qu'il n'apprenne jamais l'histoire de l'ordinateur de la polyvalente.

Les mains appuyées contre les parois de verre d'Alice, Elkin trahit son impuissance. Nous décidons que c'est le moment de filer en douce.

Mais notre espoir de fuite s'évanouit lorsqu'on arrive près de tomber entre les mains de Robby qui s'est éveillé et nous bloque la sortie. Les bras tendus, l'assassin s'approche avec l'intention de nous briser le cou.

Peut-être parce que ses batteries ne sont pas chargées à fond, ses mouvements sont raides. La vue de sa poitrine ouverte sur un amoncellement de fils, transistors et micro puces donne la chair de poule. Pire, cela nous garantit qu'il ne faut attendre aucune pitié du robot.

Ramassant une barre de fer, en effet, il s'amuse à la plier en deux juste pour impressionner ses prochaines victimes. Il renverse ensuite sans effort les obstacles que nous essayons de mettre sur son chemin.

De son côté, Elkin a ouvert les parois de verre d'Alice et cherche lesquels de ses circuits sont infectés. Mais, des courts-circuits l'éclaboussent d'étincelles et le forcent à reculer tandis qu'Alice continue de se lamenter.

— J'ai peur, Édouard. J'ai froid. Je ne me sens pas bien. Robby ? Robby ? Robby où es-tu ?

Soudain, Robby, l'assassin, est lui aussi pris d'un malaise. Il lève la tête en arrière par petites saccades, reste immobile une seconde, puis, d'un coup, se penche en avant pour éternuer brutalement.

Comme une machine détraquée, Robby se promène d'un pas chancelant, éternuant violemment sans arrêt. Les symptômes du rhume de cerveau sont tout à fait inconnus de Robby et l'affolent. Il se cogne la tête sur les murs ou les étagères de l'atelier.

Mon virus se propage encore plus vite que je ne l'aurais pensé. Robby l'assassin l'a sûrement contracté au moment où il était assis sur son fauteuil.

Finalement, dans un éternuement explosif, il crache fils électriques, transistors et puces avant de tomber à la renverse sur la table où est posé son trombone. Le robot s'agite à la manière d'un pantin détraqué. Des étincelles jaillissent toujours de sa poitrine lorsqu'il s'immobilise enfin. Mon père, la Comtesse et même moi sommes estomaqués devant cette agonie surprenante.

Édouard Elkin s'approche lentement du robot hors d'usage. Il examine la blessure fumante de sa poitrine, puis se tournant vers nous, il lance un cri de douleur à déchirer les tympans.

Elkin n'a pas le temps de pleurer Robby que l'état d'Alice empire. Un éternuement violent provoque une nouvelle série de courts-circuits dans ses périphériques. La voix monocorde et suave d'Alice continue de répéter son désarroi à Elkin avec des accents de plus en plus pathétiques et distortionnés. Son débit se ralentit à mesure que ses circuits se congestionnent.

— Je n'ai pas de données sur ma condition, Édouard... Que faut-il faire ? Mes logiciels s'embrouillent. J'étouffe. Au secours, Édouard. Au sec... Atttchoumm ! Atttchiiiiiiioumm ! Arrrgggchiiiiiiioumm ! Rôôôôbbbby ! Rôôbby, je t'aime !

Les éternuements se succèdent, de plus en plus violents. Alice rend l'âme dans un feu d'artifice de courts-circuits. Désespéré, Elkin roule jusqu'aux vestiges de son ordinateur. Il en sort un disque optique par miracle intact.

— Alice ! Alice ! Ma pauvre Alice. Viens avec moi, ma chérie. Je vais prendre soin de toi. Je vais te guérir.

Elkin continue de parler à cette disquette comme si l'âme d'Alice venait d'y être transférée.

C'est ce moment que choisit l'inspecteur Grasselli pour surgir avec éclat. Campé dans l'entrée du laboratoire, il lève une mitraillette à barillet vers le plafond qu'il arrose d'une giclée de balles. La flamme que crache son arme et le vacarme des détonations nous persuadent que le policier n'a pas envie de plaisanter.

— O.K. ! Les mains en l'air tout le monde ! C'est fini le niaisage là !

Paul est à ses côtés, lui aussi armé d'une mitraillette. Il a la mine complètement abasourdie parce que son patron a fait cracher son arme tout près de son oreille. En plus, des morceaux de ciment et de plâtre se détachent du plafond et atterrissent sur la tête de Paul, obligé de rester stoïque pour que l'inspecteur ne rate pas son effet.

Réagissant rapidement, Édouard Elkin nous décoche un regard vengeur.

— On se reverra ! J'ai pas dit mon dernier mot.

Il abaisse une manette. Des jets de vapeur fusent de partout. En un instant, le laboratoire est rempli de fumée. Elkin en profite pour foncer de toute la vitesse que permet son fauteuil motorisé vers le passage d'où il était arrivé. Grasselli et Paul se lancent à la poursuite du fuyard, disparaissant eux aussi dans le passage secret.

L'écho répercute le rire machiavélique du dément qui s'enfuit dans des couloirs connus de lui seul. Les pas de course et les invectives des policiers se perdent à sa suite.

La Comtesse, mon père et moi restons seuls au milieu du laboratoire enfumé, au côté de la dépouille mécanique de l'assassin au trombone. La Comtesse dépose les faux aveux de mon père dans la poitrine du robot que les courts-circuits finissent de ronger. Même non signé, il vaut mieux que ce papier-là ne tombe pas entre les mains des policiers.

Tout de suite, les aveux s'enflamment, comme un pacte que le diable emporterait en enfer.

☆

Dans une heure, le jour va se lever et ma première nuit blanche dans un studio de cinéma va se terminer. Je ne l'oublierai pas de sitôt. Je vais sûrement passer beaucoup de nuits dans des studios si je deviens un jour réalisatrice de cinéma. Mais une comme celle-ci ? Jamais plus, c'est certain.

À moins que l'inspecteur Grasselli ne réussisse pas à rattraper Édouard Elkin ? Chose certaine, si vous n'aimez pas les émotions fortes, et qu'un soir, en vous promenant, vous entendez jouer un trombone solitaire et triste, rentrez chez vous et fermez la porte à double tour !

## Dans la collection Boréal Junior

1. *Corneilles* de François Gravel
2. *Robots et Robots inc.* de Philippe Chauveau
3. *La Dompteuse de perruche* de Lucie Papineau
4. *Simon-les-nuages* de Roger Cantin
5. *Zamboni* de François Gravel
6. *Le Mystère des Borgs aux oreilles vertes* de Marc-André Paré
7. *Une araignée sur le nez* de Philippe Chauveau
8. *La Dompteuse de rêves* de Lucie Papineau
9. *Le Chien saucisse et les Voleurs de diamants* de Raymond Plante et André Melançon
10. *Tante-Lo est partie* de Francine Girard
11. *La Machine à beauté* de Raymond Plante
12. *Le Record de Philibert Dupont* de Raymond Plante
13. *Le Bestiaire d'Anaïs* d'André Vigeant
14. *La B.D. donne des boutons* de Rémy Simard

## Dans la collection Boréal Inter

1. *Le raisin devient banane*
   de Raymond Plante
2. *La Chimie entre nous* de Roger Poupart
3. *Viens-t'en, Jeff !* de Jacques Greene
4. *Trafic* de Gérald Gagnon
5. *Premier But* de Roger Poupart
6. *L'Ours de Val-David* de Gérald Gagnon
7. *Le Pégase de cristal*
   de Gilberto Flores Patiño
8. *Deux heures et demie avant Jasmine*
   de François Gravel
9. *L'Été des autres* de Johanne Mercier
10. *Opération Pyro* de Saint-Ours
11. *Le Dernier des raisins*
    de Raymond Plante
12. *Des hot-dogs sous le soleil*
    de Raymond Plante
13. *Y a-t-il un raisin dans cet avion ?*
    de Raymond Plante
14. *Quelle heure est-il, Charles ?*
    de Jacques Greene
15. *Blues 1946* de Gérald Gagnon
16. *Le Secret du lotto 6/49* de Michel Foisy
17. *Par ici la sortie !* de Paule Brière
18. *L'assassin jouait du trombone*
    de Roger Cantin

*Infographie : Édition•Typographie•Conseils (ETC)*
*Montréal, Québec*

Achevé d'imprimer au Canada
Imprimerie Gagné Ltée Louiseville